根据十八届四中全会决定中提出的
国家机关"谁执法谁普法"精神最新编写

质量检验检疫
法律知识读本

中国社会科学院法学研究所法治宣传教育与公法研究中心◎组织编写

总顾问：张苏军　　　总主编：陈泽宪

本册主编：陈百顺　王　莹

以案释法版

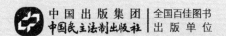

中国出版集团 | 全国百佳图书
中国民主法制出版社 | 出版单位

图书在版编目（CIP）数据

质量检验检疫法律知识读本：以案释法版 / 中国社会科学院法学研究所法治宣传教育与公法研究中心组织编写. -- 北京：中国民主法制出版社，2016.10

（谁执法谁普法系列丛书）

ISBN 978-7-5162-1293-6

Ⅰ.①质… Ⅱ.①中… Ⅲ.①质量技术监督－法律－基本知识－中国

Ⅳ.①D922.174

中国版本图书馆CIP数据核字（2016）第198886号

责任编辑／严月仙
装帧设计／郑文娟

书　　名／质量检验检疫法律知识读本（以案释法版）
作　　者／陈百顺　王　莹

出版·发行／中国民主法制出版社
社　　址／北京市丰台区右安门外玉林里7号（100069）
电　　话／010-62152088
传　　真／010-62168123
经　　销／新华书店
开　　本／16开　710mm×1000mm
印　　张／10.625
字　　数／187千字
版　　本／2017年1月第1版　　2017年1月第1次印刷
印　　刷／北京精乐翔印刷有限公司

书　　号／ISBN 978-7-5162-1293-6
定　　价／28.00元
出版声明／版权所有，侵权必究。

丛书编委会名单

总　序

搞好法治宣传教育
营造良好法治氛围

　　全面推进依法治国，是坚持和发展中国特色社会主义，努力建设法治中国的必然要求和重要保障，事关党执政兴国、人民幸福安康、国家长治久安。

　　我们党长期重视依法治国，特别是党的十八大以来，以习近平同志为核心的党中央对全面依法治国作出了重要部署，对法治宣传教育提出了新的更高要求，明确了法治宣传教育的基本定位、重大任务和重要措施。十八届三中全会要求"健全社会普法教育机制"；十八届四中全会要求"坚持把全民普法和守法作为依法治国的长期基础性工作，深入开展法治宣传教育"；十八届五中全会要求"弘扬社会主义法治精神，增强全社会特别是公职人员尊法学法守法用法观念，在全社会形成良好法治氛围和法治习惯"。习近平总书记多次强调，领导干部要做尊法学法守法用法的模范。法治宣传教育要创新形式、注重实效，为我们做好工作提供了基本遵循。

　　当前，我国正处于全面建成小康社会的决定性阶段，依法治国在党和国家工作全局中的地位更加突出，严格执法、公正司法的要求越来越高，维护社会公平正义的责任越来越大。按照全面依法治国新要求，深入开展法治宣传教育，充分发挥法治宣传教育在全面依法治国中的基础作用，推动全社会树立法治意识，为"十三五"时期经济社会发展营造良好法治环境，为实现"两个一百年"奋斗目标和中华民族伟大复兴的中国梦作出新贡献，责任重大、意义深远。

　　为深入贯彻党的十八大和十八届三中、四中、五中、六中全会精神和习近平总书记系列重要讲话精神，以及中共中央、国务院转发《中央宣传部、司法部关于在公民中开展法治宣传教育的第七个五年规划（2016—2020年）》，扎实推进"七五"普法工作，中国社会科学院法学研究所联合中国民主法制出版社，组织国内有关方面的专家学者，在新一轮的五年普法规划实施期间，郑重推出"全面推进依法治国精品书库（六大系列）"，即《全国"七五"普法系列教材（以案释法版，25册）》《青少年法治教育系列教材（法治实践版，30册）》《新时期法治宣传教育工作理论与实务丛书（30册）》《"谁执法（主管）谁普法"系列丛书（以案释法版, 80册）》《"七五"普法书架——以案释法系列丛书（60册）》和《"谁执法（主管）谁普法"系列宣传册（漫画故事版，100册）》。

其中"谁执法谁普法，谁主管谁负责"工作是一项涉及面广、工作要求高的系统工程。它以法律所调整的不同社会关系为基础，以行业监管或主管所涉及的法律法规为主体，充分发挥行业优势和主导作用，在抓好部门、行业内部法治宣传教育的同时，面向普法对象，普及该专属领域所涉及的法律法规的一种创新性普法方式。

实行"谁执法谁普法，谁主管谁负责"是贯彻落实中央精神、贯彻实施"七五"普法规划、深入推进新一轮全国法治宣传教育活动的重要举措。这一重要举措的切实实施，有利于充分发挥执法部门、行业主管的职能优势和主导作用，扩大普法依法治理工作覆盖面，增强法治宣传教育的针对性、专业性，促进执法与普法工作的有机结合，有利于各部门、各行业分工负责、各司其职、齐抓共管的大普法工作格局的形成。

为了深入扎实地做好"谁执法谁普法，谁主管谁负责"工作，我们组织编写了这套《"谁执法（主管）谁普法"系列丛书（以案释法版，80册）》。该丛书内容包括全面推进依法治国重大战略布局、宪法、行政法以及行业管理所涉及的法律法规制度。全书采取宣讲要点、以案释法的形式，紧紧围绕普法宣传的重点、法律规定的要点、群众关注的焦点、社会关注的热点、司法实践的难点，结合普法学习、法律运用和司法实践进行全面阐释，深入浅出，通俗易懂，具有较强的实用性和操作性，对于提高行业行政执法和业务管理人员能力水平，增强管理对象的法治意识具有积极意义。

衷心希望丛书的出版，能够为深入推进行业普法起到应有作用，更好地营造尊法学法守法用法的良好氛围。

本书编委会

2016年10月

目　　录

第一章

全面推进依法治国的重大战略布局

    依法治国，就是广大人民群众在党的领导下，依照宪法和法律规定，通过法定形式管理国家事务，管理经济文化事业，管理社会事务，保证国家各项工作都依法进行，逐步实现民主制度化、法律化，建设社会主义法治国家。全面推进依法治国，是我们党从坚持和发展中国特色社会主义，实现国家治理体系和治理能力现代化，提高党的执政能力和执政水平出发，总结历史经验、顺应人民愿望和时代发展要求作出的重大战略布局。全面推进依法治国，必须坚持中国共产党的领导，坚持人民主体地位、坚持法律面前人人平等，坚持依法治国和以德治国相结合，坚持从中国实际出发。坚持依法治国、依法执政、依法行政共同推进，坚持法治国家、法治政府、法治社会一体建设，实现科学立法、严格执法、公正司法、全民守法，促进国家治理体系和治理能力现代化。

第一节　全面推进依法治国方略

    依法治国，从根本上讲，就是广大人民群众在党的领导下，依照宪法和法律规定，通过法定形式管理国家事务、管理经济文化事业、管理社会事务，保证国家各项工作都依法进行，逐步实现民主制度化、法律化，建设社会主义法治国家。

一、全面推进依法治国的形成与发展过程

    全面推进依法治国的提出，是对我们党严格执法执纪优良传统作风的传承，是对党的十五大报告提出的"依法治国，建设社会主义法治国家"的深化。历史地看，

我们党依法治国基本方略的形成和发展，经历了一个长期的探索发展过程。早在革命战争年代，我党领导下的革命根据地红色政权就陆续制定和颁布过《中华苏维埃共和国宪法大纲》《中国土地法大纲》《陕甘宁边区施政纲领》等一系列法律制度规定，为新生红色政权的依法产生和依法办事，为调动一切抗日力量抵御外来侵略者，为解放全中国提供了宪法性依据和法律遵循。遵守法纪、依法办事成为这一时期党政工作的一大特色。尽管从总体上看，为适应战时需要，当时主要实行的还是政策为主、法律为辅，但在战争年代，尤其是军事力量对比实力悬殊的情况下，我们党依然能够在革命根据地和解放区坚持探索和实践法制建设，充分显示了一个无产阶级政党领导人民翻身解放、当家作主的博大胸怀。1949年中华人民共和国成立，开启了中国法治建设的新纪元。从1949年到20世纪50年代中期，是中国社会主义法制的初创时期。这一时期中国制定了具有临时宪法性质的《中国人民政治协商会议共同纲领》和其他一系列法律、法令，对巩固新生的共和国政权，维护社会秩序和恢复国民经济，起到了重要作用。1954年第一届全国人民代表大会第一次会议制定的《中华人民共和国宪法》以及随后制定的有关法律，规定了国家的政治制度、经济制度和公民的权利与自由，规范了国家机关的组织和职权，确立了国家法制的基本原则，初步奠定了中国法治建设的基础。20世纪50年代后期至70年代初，特别是"文化大革命"的十年，中国社会主义法制遭到严重破坏。20世纪70年代末，中国共产党总结历史经验，特别是汲取"文化大革命"的惨痛教训，作出把"党和国家的工作重心转移到社会主义现代化建设上来"的重大决策，实行改革开放政策，明确了一定要靠法制治理国家的原则。为了保障人民民主，必须加强社会主义法制，使民主制度化、法律化，使这种制度和法律具有稳定性、连续性和权威性，使之不因领导人的改变而改变，不因领导人的看法和注意力的改变而改变，做到有法可依，有法必依，执法必严，违法必究，成为改革开放新时期法治建设的基本理念。在发展社会主义民主、健全社会主义法制的基本方针指引下，现行宪法以及刑法、刑事诉讼法、民事诉讼法、民法通则、行政诉讼法等一批基本法律出台，中国的法治建设进入了全新发展阶段。20世纪90年代，中国开始全面推进社会主义市场经济建设，由此进一步奠定了法治建设的经济基础，法治建设面临新的更高要求。1997年召开的中国共产党第十五次全国代表大会，将"依法治国"确立为治国基本方略，将"建设社会主义法治国家"确定为社会主义现代化的重要目标，并提出了建设中国特色社会主义法律体系的重大任务。1999年修宪，"中华人民共和国实行依法治国，建设社会主义法治国家"载入宪法，中国的法治建设开启了新篇章。进入21世纪，中国的法治建设继续向前推进。2002年召开的中国共产党第十六次全国代表大会，将"社会主义民主更加完善，社会主义法制更加完备，依法治国基本方略得到全面落实"作为全面建设小康社会的重要目标。2004年修宪，"国家尊重和保障人权"载入宪法。

2007年召开的中国共产党第十七次全国代表大会，明确提出全面落实依法治国基本方略，加快建设社会主义法治国家，并对加强社会主义法治建设作出了全面部署。2012年中共十八大召开以来，党中央高度重视依法治国。2014年10月，十八届四中全会专门作出《中共中央关于全面推进依法治国若干重大问题的决定》，描绘了全面推进依法治国的总蓝图、路线图、施工图，标志着依法治国按下了"快进键"、进入了"快车道"，对我国社会主义法治建设具有里程碑意义。在新的历史起点上，我们党更加重视全面依法治国和社会主义法治建设，强调落实依法治国基本方略，加快建设社会主义法治国家，全面推进科学立法、严格执法、公正司法、全民守法进程，强调坚持党的领导，更加注重改进党的领导方式和执政方式；依法治国，首先是依宪治国；依法执政，关键是依宪执政；新形势下，我们党要履行好执政兴国的重大职责，必须依据党章从严治党、依据宪法治国理政；党领导人民制定宪法和法律，党领导人民执行宪法和法律，党自身必须在宪法和法律范围内活动，真正做到党领导立法、保证执法、带头守法。当前，我国全面建成小康社会进入决定性阶段，改革进入攻坚期和深水区。我们党面临的改革发展稳定任务之重前所未有、矛盾风险挑战之多前所未有，依法治国在党和国家工作全局中的地位更加突出、作用更加重大。全面推进依法治国是关系我们党执政兴国、关系人民幸福安康、关系党和国家长治久安的重大战略问题，是完善和发展中国特色社会主义制度、推进国家治理体系和治理能力现代化的重要方面。我们要实现党的十八大和十八届三中、四中、五中全会作出的一系列战略部署，全面建成小康社会、实现中华民族伟大复兴的中国梦，全面深化改革、完善和发展中国特色社会主义制度，就必须在全面推进依法治国上作出总体部署、采取切实措施、迈出坚实步伐。

 以案释法 01

严格依法办事、坚持从严治党

2015年5月22日，天津市第一中级人民法院鉴于周永康案中一些犯罪事实证据涉及国家秘密，依法对周永康案进行不公开审理。天津市第一中级人民法院经审理认为，周永康受贿数额特别巨大，但其归案后能如实供述自己的罪行，认罪悔罪，绝大部分贿赂系其亲属收受且其系事后知情，案发后主动要求亲属退赃且受贿款物全部追缴，具有法定、酌定从轻处罚情节；滥用职权，犯罪情节特别严重；故意泄露国家秘密，犯罪情节特别严重，但未造成特别严重的后果。根据周永康犯罪的事实、性质、情节和对于社会的危害程度，天津市第一中级人民法院于2015年6月11日宣判，周永康犯受贿罪，判处无期徒刑，剥夺政治权利终身，并处没收个人财产；犯滥用职权罪，判处有期徒刑七年；犯故意泄露国家秘密罪，判处有期徒刑四年，三罪并罚，决定执行无期徒刑，剥夺政治权利终身，并处没收个人财产。周永康在庭审最后陈述时说："我接受检方指控，基本事实清楚，我表示认罪悔罪；有关人员对我家人的贿赂，实际上是冲着我的权力来的，我应负主要责任；自己不断为私情而违法违纪，违法犯罪的事实是客观存在的，给党和国家造成了重大损失；对我问题的依纪依法处理，体现了中国共产党全面从严治党、全面依法治国的决心。"

周永康一案涉及新中国成立以来第一例因贪腐被中纪委立案审查的正国级领导干部。周永康的落马充分反映了我们党全面从严治党、全面依法治国的坚定决心。说明反腐没有"天花板"，无论任何人，不管位有多高，权有多大，只要违法乱纪，一样要严惩不贷。周永康一案的宣判表明，无论是位高权重之人，还是基层党员干部，都应始终敬畏党纪、敬畏国法，不以权谋私，切忌把权力当成自家的"后花园"。通过办案机关依法办案、文明执法，讲事实、讲道理，周永康也认识到自己违法犯罪的事实给党的事业造成的损失，给社会造成了严重影响，并多次表示认罪悔罪。综观周永康一案从侦办、审理到宣判，整个过程都坚持依法按程序办案，很好地体现了"以法治思维和法治方式反对腐败"的基本理念。这充分说明，我们党敢于直面问题、纠正错误，勇于从严治党、依法治国。周永康案件再次表明，党纪国法绝不是"橡皮泥""稻草人"，无论是因为"法盲"导致违纪违法，还是故意违规违法，都要受到追究，否则就会形成"破窗效应"。法治之下，任何人都不能心存侥幸，也不能指望法外施恩，没有免罪的"丹书铁券"，也没有"铁帽子王"。

二、全面推进依法治国必须坚持的基本原则

全面推进依法治国是一项系统工程，是国家治理领域一场广泛而深刻的革命，需要付出长期艰苦努力，这一过程中，既要避免不作为，又要防范乱作为。为此，党的十八届四中全会明确提出了全面推进依法治国必须要坚持的基本原则，即坚持中国共产党的领导，坚持人民主体地位，坚持法律面前人人平等，坚持依法治国和以德治国相结合，坚持从中国实际出发。

（一）党的领导原则

党的领导是中国特色社会主义最本质的特征，是社会主义法治最根本的保证。把党的领导贯彻到依法治国全过程和各方面，是我国社会主义法治建设的一条基本经验。我国宪法确立了中国共产党的领导地位。坚持党的领导，是社会主义法治的根本要求，是党和国家的根本所在、命脉所在，是全国各族人民的利益所系、幸福所系。实践证明，只有把依法治国基本方略的贯彻实施同依法执政的基本方式统一起来，把党领导立法、保证执法、支持司法、带头守法统一起来，把党总揽全局、协调各方同人大、政府、政协、审判机关、检察机关依法依章程履行职能、开展工作统一起来，把党领导人民制定和实施宪法法律同党坚持在宪法法律范围内活动统一起来，才能确保法治中国的建设有序推进、深入开展。

（二）人民主体原则

在我国，人民是依法治国的主体和力量源泉，法治建设以保障人民根本权益为出发点和落脚点。法治建设的宗旨是为了人民、依靠人民、保护人民、造福人民。因此，全面推进依法治国，必须要保证人民依法享有广泛的权利和自由、承担应尽的义务，维护社会公平正义，促进共同富裕。全面推进依法治国，就是为了更好地实现人民在党的领导下，依照法律规定，通过各种途径和形式管理国家事务，管理经济文化事业，管理社会事务。法律既是保障公民权利的有力武器，也是全体公民必须一体遵循的行为规范，因此全面推行依法治国，必须要坚持人民主体原则，切实增强全社会学法尊法守法用法意识，使法律为人民所掌握、所遵守、所运用。

（三）法律面前人人平等原则

平等是社会主义法律的基本属性。法律面前人人平等，要求任何组织和个人都必须尊重宪法法律权威，都必须在宪法法律范围内活动，都必须依照宪法法律行使权力或权利、履行职责或义务，都不得有超越宪法法律的特权。全面推行依法治国，必须维护国家法制统一、尊严和权威，切实保证宪法法律有效实施，任何人都不得以任何借口任何形式以言代法、以权压法、徇私枉法。必须规范和约束公权力，加大监督力度，做到有权必有责、用权受监督、违法必追究。坚决纠正有法不依、执法不严、违法不究行为。

（四）依法治国和以德治国相结合原则

法律和道德同为社会行为规范，在支撑社会交往、维护社会稳定、促进社会发展方面，发挥着各自不同的且不可替代的交互作用，国家和社会治理离不开法律和道德的共同发挥作用。全面推进依法治国，必须要既重视发挥法律的规范作用，又重视发挥道德的教化作用，要坚持一手抓法治、一手抓德治，大力弘扬社会主义核心价值观，弘扬中华传统美德，培育社会公德、职业道德、家庭美德、个人品德。法治要体现道德理念、强化对道德建设的促进作用，道德要滋养法治精神、强化对法治文化的支撑作用，以实现法律和道德相辅相成、法治和德治相得益彰。

（五）从实际出发原则

全面推进依法治国是中国特色社会主义道路、理论、制度实践的必然选择。建设法治中国，必须要从我国基本国情出发，同改革开放不断深化相适应，总结和运用党领导人民实行法治的成功经验，围绕社会主义法治建设重大理论和实践问题，深入开展法治建设，推进法治理论创新。

三、全面推进依法治国的总体要求

十八届四中全会是我党历史上第一次通过全会的形式专题研究部署、全面推进依法治国问题。全会在对全面推进依法治国的重要意义、重大作用、指导思想和基本原则作了系统阐述的基础上，站在总揽全局、协调各方的高度，对全面推进依法治国进程中的人大、政府、政协、审判、检察等各项工作提出了工作要求。

（一）加强立法工作，完善中国特色社会主义法律体系建设和以宪法为核心的法律制度实施

1. 建设中国特色社会主义法治体系，坚持立法先行，发挥立法的引领和推动作用，抓住提高立法质量这个关键

立法工作要恪守以民为本、立法为民理念，贯彻社会主义核心价值观，要符合宪法精神、反映人民意志、得到人民拥护。要把公正、公平、公开原则贯穿立法全过程，完善立法体制机制，坚持立改废释并举，增强法律法规的及时性、系统性、针对性、有效性。坚持依法治国，首先要坚持依宪治国、坚持依宪执政。一切违反宪法的行为都必须予以追究和纠正。为了强化宪法意识，党和国家还确定，每年12月4日定为国家宪法日。在全社会普遍开展宪法教育，弘扬宪法精神。建立宪法宣誓制度，凡经人大及其常委会选举或者决定任命的国家工作人员正式就职时公开向宪法宣誓。

2. 完善党对立法工作中重大问题决策的程序

凡立法涉及重大体制和重大政策调整的，必须报党中央讨论决定。党中央向全国人大提出宪法修改建议，依照宪法规定的程序进行宪法修改。法律制定和修改的重大问题由全国人大常委会党组向党中央报告。健全有立法权的人大主导立法工作的体制机制。建立由全国人大相关专门委员会、全国人大常委会法制工作委员会组织有关部门参与起草综合性、全局性、基础性等重要法律草案制度。增加有法治实践经验的专职常委比例。依法建立健全专门委员会、工作委员会立法专家顾问制度。加强和改进政府立法制度建设，完善行政法规、规章制定程序，完善公众参与政府立法机制。重要行政管理法律法规由政府法制机构组织起草。明确立法权力边界，从体制机制和工作程序上有效防止部门利益和地方保护主义法律化。明确地方立法权限和范围，依法赋予设区的市地方立法权。

3. 深入推进科学立法、民主立法

加强人大对立法工作的组织协调，健全立法起草、论证、协调、审议机制，健全向下级人大征询立法意见机制，建立基层立法联系点制度，推进立法精细化。更多发挥人大代表参与起草和修改法律的作用。充分发挥政协委员、民主党派、工商联、无党派人士、人民团体、社会组织在立法协商中的作用，拓宽公民有序参与立

法途径，广泛凝聚社会共识。

4.加强重点领域立法

依法保障公民权利，加快完善体现权利公平、机会公平、规则公平的法律制度，保障公民人身权、财产权、基本政治权利等各项权利不受侵犯，保障公民经济、文化、社会等各方面权利得到落实，实现公民权利保障法治化。增强全社会尊重和保障人权意识，健全公民权利救济渠道和方式。

（二）深入推进依法行政，加快建设法治政府

各级政府必须坚持在党的领导下、在法治轨道上开展工作，创新执法体制，完善执法程序，推进综合执法，严格执法责任，建立权责统一、权威高效的依法行政体制，加快建设职能科学、权责法定、执法严明、公开公正、廉洁高效、守法诚信的法治政府。

1.依法全面履行政府职能

完善行政组织和行政程序法律制度，推进机构、职能、权限、程序、责任法定化行政机关要坚持法定职责必须为、法无授权不可为，勇于负责、敢于担当，坚决纠正不作为、乱作为，坚决克服懒政、怠政，坚决惩处失职、渎职。行政机关不得法外设定权力，没有法律法规依据不得作出减损公民、法人和其他组织合法权益或者增加其义务的决定。

2.健全依法决策机制

把公众参与、专家论证、风险评估、合法性审查、集体讨论决定确定为重大行政决策作出的法定程序，确保决策制度科学、程序正当、过程公开、责任明确。建立重大决策终身责任追究制度及责任倒查机制，对决策严重失误或者依法应该及时作出决策但久拖不决造成重大损失、恶劣影响的，严格追究行政首长、负有责任的其他领导人员和相关责任人员的法律责任。

3.深化行政执法体制改革

根据不同层级政府的事权和职能，按照减少层次、整合队伍、提高效率的原则，合理配置执法力量。推进综合执法，大幅减少市县两级政府执法队伍种类，重点在食品药品安全、工商质检、公共卫生、安全生产、文化旅游、资源环境、农林水利、交通运输、城乡建设、海洋渔业等领域内推行综合执法，有条件的领域可以推行跨部门综合执法；严格实行行政执法人员持证上岗和资格管理制度，未通过执法资格考试，不得授予执法资格，不得从事执法活动。严格执行罚缴分离和收支两条线管理制度，严禁收费罚没收入同部门利益直接或者变相挂钩。

4.坚持严格规范公正文明执法

依法惩处各类违法行为，加大关系群众切身利益的重点领域执法力度。完善执

法程序，建立执法全过程记录制度。明确具体操作流程，重点规范行政许可、行政处罚、行政强制、行政征收、行政收费、行政检查等执法行为。严格执行重大执法决定法制审核制度。全面落实行政执法责任制，严格确定不同部门及机构、岗位执法人员执法责任和责任追究机制，加强执法监督，坚决排除对执法活动的干预，防止和克服地方和部门保护主义，惩治执法腐败现象。

5. 强化对行政权力的制约和监督

加强党内监督、人大监督、民主监督、行政监督、司法监督、审计监督、社会监督、舆论监督制度建设，努力形成科学有效的权力运行制约和监督体系，增强监督合力和实效。加强对政府内部权力的制约，对财政资金分配使用、国有资产监管、政府投资、政府采购、公共资源转让、公共工程建设等权力集中的部门和岗位实行分事行权、分岗设权、分级授权，定期轮岗，强化内部流程控制，防止权力滥用。改进上级机关对下级机关的监督，建立常态化监督制度。完善纠错问责机制，健全责令公开道歉、停职检查、引咎辞职、责令辞职、罢免等问责方式和程序。完善审计制度，保障依法独立行使审计监督权。对公共资金、国有资产、国有资源和领导干部履行经济责任情况实行审计全覆盖。

6. 全面推进政务公开

坚持以公开为常态、不公开为例外原则，推进决策公开、执行公开、管理公开、服务公开、结果公开。各级政府及其工作部门依据权力清单，向社会全面公开政府职能、法律依据、实施主体、职责权限、管理流程、监督方式等事项。重点推进财政预算、公共资源配置、重大建设项目批准和实施、社会公益事业建设等领域的政府信息公开。涉及公民、法人或其他组织权利和义务的规范性文件，按照政府信息公开要求和程序予以公布。推行行政执法公示制度。推进政务公开信息化，加强互联网政务信息数据服务平台和便民服务平台建设。

（三）保证公正司法，提高司法公信力

必须完善司法管理体制和司法权力运行机制，规范司法行为，加强对司法活动的监督，努力让人民群众在每一个司法案件中感受到公平正义。

1. 完善确保依法独立公正行使审判权和检察权的制度

建立领导干部干预司法活动、插手具体案件处理的记录、通报和责任追究制度。任何党政机关和领导干部都不得让司法机关做违反法定职责、有碍司法公正的事情，任何司法机关都必须执行党政机关和领导干部不得违法干预司法活动的要求。对干预司法机关办案的，给予党纪政纪处分；造成冤假错案或者其他严重后果的，依法追究刑事责任。

2. 优化司法职权配置

健全公安机关、检察机关、审判机关、司法行政机关各司其职，侦查权、检察权、审判权、执行权相互配合和制约的体制机制。完善审级制度，一审重在解决事实认定和法律适用，二审重在解决事实法律争议、实现二审终审，再审重在依法纠错、维护裁判权威；建立司法机关内部人员过问案件的记录制度和责任追究制度。完善主审法官、合议庭、主任检察官、主办侦查员办案责任制，落实谁办案谁负责。

3. 推进严格司法

健全事实认定符合客观真相、办案结果符合实体公正、办案过程符合程序公正的法律制度。加强和规范司法解释和案例指导，统一法律适用标准。全面贯彻证据裁判规则，严格依法收集、固定、保存、审查、运用证据，完善证人、鉴定人出庭制度，保证庭审在查明事实、认定证据、保护诉权、公正裁判中发挥决定性作用。明确各类司法人员工作职责、工作流程、工作标准，实行办案质量终身负责制和错案责任倒查问责制，确保案件处理经得起法律和历史检验。

4. 保障人民群众参与司法

坚持人民司法为人民，依靠人民推进公正司法，通过公正司法维护人民权益。在司法调解、司法听证、涉诉信访等司法活动中保障人民群众参与。推进审判公开、检务公开、警务公开、狱务公开，依法及时公开执法司法依据、程序、流程、结果和生效法律文书，杜绝暗箱操作。

5. 加强人权司法保障

强化诉讼过程中当事人和其他诉讼参与人的知情权、陈述权、辩护辩论权、申请权、申诉权的制度保障。健全落实罪刑法定、疑罪从无、非法证据排除等法律原则的法律制度。完善对限制人身自由司法措施和侦查手段的司法监督，加强对刑讯逼供和非法取证的源头预防，健全冤假错案有效防范、及时纠正机制。

6. 加强对司法活动的监督

完善检察机关行使监督权的法律制度，加强对刑事诉讼、民事诉讼、行政诉讼的法律监督。完善人民监督员制度，重点监督检察机关查办职务犯罪的立案、羁押、扣押和冻结财物、起诉等环节的执法活动。依法规范司法人员与当事人、律师、特殊关系人、中介组织的接触、交往行为。严禁司法人员私下接触当事人及律师、泄露或者为其打探案情、接受吃请或者收受其财物、为律师介绍代理和辩护业务等违法违纪行为，坚决惩治司法掮客行为，防止利益输送。

（四）增强全民法治观念，推进法治社会建设

弘扬社会主义法治精神，建设社会主义法治文化，增强全社会厉行法治的积极性和主动性，形成守法光荣、违法可耻的社会氛围，使全体人民都成为社会主义法治的忠实崇尚者、自觉遵守者、坚定捍卫者。

1. 推动全社会树立法治意识

坚持把全民普法和守法作为依法治国的长期基础性工作，深入开展法治宣传教育，引导全民自觉守法、遇事找法、解决问题靠法。坚持把领导干部带头学法、模范守法作为树立法治意识的关键，完善国家工作人员学法用法制度，把法治教育纳入国民教育体系，从青少年抓起，在中小学设立法治知识课程。健全普法宣传教育机制，各级党委和政府要加强对普法工作的领导，宣传、文化、教育部门和人民团体要在普法教育中发挥职能作用。实行国家机关"谁执法谁普法"的普法责任制，建立法官、检察官、行政执法人员、律师等以案释法制度。把法治教育纳入精神文明创建内容，开展群众性法治文化活动，健全媒体公益普法制度，加强新媒体新技术在普法中的运用，提高普法实效；加强社会诚信建设，健全公民和组织守法信用记录，完善守法诚信褒奖机制和违法失信行为惩戒机制，使尊法守法成为全体人民的共同追求和自觉行动；加强公民道德建设，弘扬中华优秀传统文化，增强法治的道德底蕴，强化规则意识，倡导契约精神，弘扬公序良俗。发挥法治在解决道德领域突出问题中的作用，引导人们自觉履行法定义务、社会责任、家庭责任。

2. 推进多层次多领域依法治理

深入开展多层次多领域法治创建活动，深化基层组织和部门、行业依法治理，支持各类社会主体自我约束、自我管理。发挥市民公约、乡规民约、行业章程、团体章程等社会规范在社会治理中的积极作用。建立健全社会组织参与社会事务、维护公共利益、救助困难群众、帮教特殊人群、预防违法犯罪的机制和制度化渠道，发挥社会组织对其成员的行为导引、规则约束、权益维护作用。

3. 建设完备的法律服务体系

完善法律援助制度，扩大援助范围，健全司法救助体系，保证人民群众在遇到法律问题或者权利受到侵害时获得及时有效的法律帮助。

4. 健全依法维权和化解纠纷机制

强化法律在维护群众权益、化解社会矛盾中的权威地位，引导和支持人们理性表达诉求、依法维护权益。建立健全社会矛盾预警机制、利益表达机制、协商沟通机制、救济救助机制，畅通群众利益协调、权益保障法律渠道。把信访纳入法治化轨道，保障合理合法诉求依照法律规定和程序就能得到合理合法的结果。健全社会矛盾纠纷预防化解机制，完善调解、仲裁、行政裁决、行政复议、诉讼等有机衔接、相互协调的多元化纠纷解决机制。完善立体化社会治安防控体系，有效防范、化解、管控影响社会安定的问题，保障人民生命财产安全。依法严厉打击暴力恐怖、涉黑犯罪、邪教和黄赌毒等违法犯罪活动，绝不允许其形成气候。依法强化危害食品药品安全、影响生产安全、损害生态环境、破坏网络安全等重点问题治理。此外，十八届四中全会还就法治工作队伍建设、党对全面推进依法治国的领导等重大问题提出了加强和改进要求。

让人民群众在司法案件中感受到公平正义

欠债还钱，天经地义，支付罚息，也理所应当。但是，银行却在本金、罚息之外，另收"滞纳金"，并且还是按复利计算，结果经常导致"滞纳金"远高于本金，成了实际上的"驴打滚"。中国银行某高新技术产业开发区支行起诉信用卡欠费人沙女士，请求人民法院判令沙女士归还信用卡欠款共计375079.3元（包含本金339659.66元及利息、滞纳金共计35419.64元）。银行按每日万分之五的利率计算的利息，以及每个月高达5%的滞纳金，这就相当于年利率高达78%。受理本案的人民法院认为，根据合同法、商业银行法，我国的贷款利率是受法律限制的，最高人民法院在关于民间借贷的司法解释中明确规定：最高年利率不得超过24%，否则就算"高利贷"，不受法律保护。但问题在于，最高法的司法解释针对的是"民间高利贷"，而原告是根据中国人民银行的《银行卡业务管理办法》收取滞纳金的，该如何审理？

释解

在我国社会主义法律体系中，宪法是国家的根本大法，处于最高位阶，一切法律、行政法规、司法解释、地方性法规和规章、自治条例和单行条例都不得与宪法规定精神相违背。依法治国首先必须依宪治国。十八届四中全会重申了宪法第五条关于"一切违反宪法和法律的行为，必须予以追究"的原则，强调要"努力让人民群众在每一个司法案件中感受到公平正义"。此案中，法官引述了宪法第三十三条第二款规定："中华人民共和国公民在法律面前一律平等。"法官认为："平等意味着对等待遇，除非存在差别对待的理由和依据。一方面，国家以贷款政策限制民间借款形成高利；另一方面，在信用卡借贷领域又形成超越民间借贷限制一倍或者几倍的利息。这显然极可能形成一种'只准州官放火，不许百姓点灯'的外在不良观感。"法官从宪法"平等权"等多个层面，提出应对法律作系统性解释，认为"商业银行错误将相关职能部门的规定作为自身高利、高息的依据，这有违合同法及商业银行法的规定"，从而最终驳回了银行有关滞纳金的诉讼请求，仅在本金339659.66元、年利率24%的限度内予以支持。

第二节　建设中国特色社会主义法治体系

十八届四中全会提出："全面推进依法治国，总目标是建设中国特色社会主义法治体系，建设社会主义法治国家。"这是我们党的历史上第一次提出建设中国特色社会主义法治体系的新目标。从"法律体系"到"法治体系"是一个质的飞跃，是一个从静态到动态的过程，是一个从平面到立体的过程。

一、中国特色社会主义法治体系的主要内容

中国特色社会主义法治体系包括完备的法律规范体系、高效的法治实施体系、严密的法治监督体系、有力的法治保障体系、完备的党内法规体系五个子系统。

（一）完备的法律规范体系

建设中国特色社会主义法治体系，全面推进依法治国，需要充分的规范供给为全社会依法办事提供基本遵循。一方面，要加快完善法律、行政法规、地方性法规体系；另一方面，也要完善包括市民公约、乡规民约、行业规章、团体章程在内的社会规范体系。恪守原有单一的法律渊源已无法满足法治实践的需求，有必要适当扩大法律渊源，甚至可以有限制地将司法判例、交易习惯、法律原则、国际惯例作为裁判根据，以弥补法律供给的不足，同时还应当建立对法律扩大或限缩解释的规则，通过法律适用过程填补法律的积极或消极的漏洞。为了保证法律规范的质量和提升立法科学化的水平，应当进一步改善立法机关组成人员的结构，提高立法程序正当化水平，构建立法成本效益评估前置制度，建立辩论机制，优化协商制度，提升立法技术，规范立法形式，确定法律规范的实质与形式标准，设立法律规范的事前或事后的审查过滤机制，构建实施效果评估机制，完善法律修改、废止和解释制度，等等。尤其要着力提高立法过程的实质民主化水平，要畅通民意表达机制以及民意与立法的对接机制，设定立法机关组成人员联系选民的义务，规范立法机关成员与"院外"利益集团的关系，完善立法听取意见（包括听证等多种形式）、整合吸纳意见等制度，建立权力机关内部的制约协调机制，建立立法成员和立法机关接受选民和公众监督的制度，等等。

（二）高效的法治实施体系

法治实施是一个系统工程。首先，要认真研究如何使法律规范本身具有可实施性，不具有实施可能性的法律规范无疑会加大实施成本，甚至即使执法司法人员费尽心机也难以实现。因此，要特别注意法律规范的可操作性、实施资源的配套性、法律规范本身的可接受性以及法律规范自我实现的动力与能力。其次，要研究法律实施所必需的体制以及法律设施，国家必须为法律实施提供强有力的体制、设施与物质保障。再次，要认真研究法律实施所需要的执法和司法人员的素质与能力，要

为法律实施所需要的素质和能力的培训与养成提供必要的条件和机制。又次，要研究法律实施的环境因素，并为法律实施创造必要的执法和司法环境。最后，要研究如何克服法律实施的阻碍和阻力，有针对性地进行程序设计、制度预防和机制阻隔，针对我国现阶段的国情，有必要把排除"人情""关系""金钱""权力"对法律实施的干扰作为重点整治内容。

（三）严密的法治监督体系

对公共权力的监督和制约，是任何法治形态的基本要义；公共权力具有二重性，唯有法律能使其扬长避短和趋利避害；破坏法治的最大危险在一般情况下都来自公共权力；只有约束好公共权力，国民的权利和自由才可能安全实现。有效监督和制约公共权力，要在以下几个方面狠下功夫：要科学配置权力，使决策权、执行权、监督权相互制约又相互协调；要规范权力的运行，为权力的运行设定明确的范围、条件、程序和界限；要防止权力的滥用，为权力的行使设定正当目的及合理基准与要求；要严格对权力的监督，有效规范党内、人大、民主、行政、司法、审计、社会、舆论诸项监督，并充分发挥各种监督的独特作用，使违法或不正当行使权力的行为得以及时有效纠正；要健全权益恢复机制，使受公共权力侵害的私益得到及时赔偿或补偿。

（四）有力的法治保障体系

依法治国是一项十分庞大和复杂的综合性系统工程。要在较短时间内实现十八届四中全会提出的全面推进依法治国的战略目标，任务艰巨而繁重，如果缺少配套的保证体系作为支撑，恐难以持久。普遍建立法律顾问制度。完善规范性文件、重大决策合法性审查机制。建立科学的法治建设指标体系和考核标准。健全法规、规章、规范性文件备案审查制度。健全社会普法教育机制，增强全民法治观念。逐步增加有地方立法权的较大的市数量。深化行政执法体制改革。完善行政执法程序，规范执法自由裁量权，加强对行政执法的监督，全面落实行政执法责任制和执法经费由财政保障制度，做到严格规范公正文明执法。完善行政执法与刑事司法衔接机制。确保依法独立公正行使审判权、检察权。改革司法管理体制，推动省以下地方人民法院、人民检察院人财物统一管理，探索建立与行政区划适当分离的司法管辖制度，保证国家法律统一正确实施。建立符合职业特点的司法人员管理制度，健全法官、检察官、人民警察统一招录、有序交流、逐级遴选机制，完善司法人员分类管理制度，健全法官、检察官、人民警察职业保障制度。健全司法权力运行机制。优化司法职权配置，健全司法权力分工负责、互相配合、互相制约机制，加强和规范对司法活动的法律监督和社会监督。健全国家司法救助制度，完善法律援助制度。完善律师执业权利保障机制和违法违规执业惩戒制度，加强职业道德建设，发挥律师在依法维护公民和法人合法权益方面的重要作用。

（五）完善的党内法规体系

党内法规既是管党治党的重要依据，也是中国特色社会主义法治体系的重要组成部分。由于缺少整体规划，缺乏顶层设计，党内法规存在"碎片化"现象。要在对现有党内法规进行全面清理的基础上，抓紧制定和修订一批重要党内法规，加大党内法规备案审查和解释力度，完善党内法规制定体制机制，形成配套完备的党内法规制度体系，使党内生活更加规范化、程序化，使党内民主制度体系更加完善，使权力运行受到更加有效的制约和监督，使党执政的制度基础更加巩固，为到建党100周年时全面建成内容科学、程序严密、配套完备、运行有效的党内法规制度体系打下坚实基础。

二、以高度自信建设中国特色社会主义法治体系

（一）依法治国、依法执政、依法行政共同推进

依法治国是党领导人民治国理政的基本方式，要依照宪法和法律规定，通过各种途径和形式实现人民群众在党的领导下管理国家事务，管理经济文化事业，管理社会事务，保证国家各项工作都依法进行，逐步实现社会主义民主的制度化、法律化。依法执政是依法治国的关键，要坚持党领导人民制定法律、实施法律并在宪法法律范围内活动的原则，健全党领导依法治国的制度和工作机制，促进党的政策和国家法律互联互动。依法行政是依法治国的重点，要创新执法体制，完善执法程序，推进综合执法，严格执法责任，建立权责统一、权威高效的依法行政体制，加快建设职能科学、权责法定、执法严明、公开公正、廉洁高效、守法诚信的法治政府，切实做到合法行政、合理行政、高效便民、权责统一、政务公开。

（二）法治国家、法治政府、法治社会一体建设

法治国家、法治政府和法治社会是全面推进依法治国的"一体双翼"。法治国家是长远目标和根本目标，建设法治国家的核心要求是实现国家生活的全面法治化；法治政府是重点任务和攻坚内容，建设法治政府的核心要求是规范和制约公共权力；法治社会是组成部分和薄弱环节，建设法治社会的核心是推进多层次多领域依法治理，实现全体国民自己守法、护法。法治国家、法治政府、法治社会一体建设，要求三者相互补充、相互促进、相辅相成。

（三）科学立法、严格执法、公正司法、全民守法相辅相成

十八大以来，党中央审时度势，提出了"科学立法、严格执法、公正司法、全民守法"的十六字方针，确立了新时期法治中国建设的基本内容。科学立法要求完善立法规划，突出立法重点，坚持立改废释并举，提高立法科学化、民主化水平，提高法律的针对性、及时性、系统性、有效性，完善立法工作机制和程序，扩大公众有序参与，充分听取各方面意见，使法律准确反映经济社会发展要求，更好协调利益关系，发挥立法的引领和推动作用。严格执法，要求加强宪法和法律实施，维

护社会主义法制的统一、尊严、权威，形成人们不愿违法、不能违法、不敢违法的法治环境，做到有法必依、执法必严、违法必究。公正司法，要求要努力让人民群众在每一个司法案件中都感受到公平正义，所有司法机关都要紧紧围绕这个目标来改进工作，重点解决影响司法公正和制约司法能力的深层次问题。全民守法，要求任何组织或者个人都必须在宪法和法律范围内活动，任何公民、社会组织和国家机关都要以宪法和法律为行为准则，依照宪法和法律行使权利或权力、履行义务或职责。

（四）与推进国家治理体系和治理能力现代化同脉共振

全面推进依法治国既是实现国家治理现代化目标的基本要求，又是推进国家治理现代化的重要组成部分。法律的强制性、普遍性、稳定性、公开性、协调性等价值属性满足了国家治理对权威性和有效性的要求。法治在治理现代化过程中具有极为重要的意义。民主、科学、文明、法治是国家治理现代化的基本要求，民主、科学、文明都离不开法治的保障。治理现代化需要通过法治手段进一步具体地对应到治理体系的各个领域和每个方面，需要进一步量化为具体的指标体系，包括国权配置定型化、公权行使制度化、权益保护实效化、治理行为规范化、社会关系规则化、治理方式文明化六个方面。在实现治理法治化的过程中，治理主体需要高度重视法治本身的现代化问题，高度重视法律规范的可实施性，高度重视全社会法治信仰的塑造，高度重视治理事务对法治的坚守，高度重视司法公信力的培养。

第三节　提高运用法治思维和法治方式的能力

法治思维是指将党中央关于法治中国建设的基本要求，将国家宪法和法律的相关规定运用于判断、思考和决策，法治方式就是运用法治思维处理和解决问题的行为方式。法治思维与法治方式两者之间属于法治要求内化于心、外化于行的辩证统一关系。简言之，用法律观念来判断问题，用法律方式来处理矛盾和纠纷，这就是法治思维和法治方式。正如习近平同志指出的那样，"各级领导干部要提高运用法治思维和法治方式深化改革、推动发展、化解矛盾、维护稳定能力，努力推动形成办事依法、遇事找法、解决问题用法、化解矛盾靠法的良好法治环境，在法治轨道上推动各项工作"。

一、法治思维和法治方式的基本属性

法治思维和法治方式作为治理能力范畴中的一种新要求，它要求党员干部要带头尊法、学法、守法、用法，自觉地在法律授权范围内活动，切实维护国家法制的统一、尊严和权威，依法保障人民享有广泛的民主权利和自由；法治思维和法治方

式作为治理能力范畴中的一种新理念，它要求党员干部要带头破除重管理轻服务、重治民轻治官、重权力轻职责等积弊，带头荡除以言代法、以权压法、违法行政等沉疴。中国特色社会主义法治特质决定了法治思维和法治方式集中具有以下几个方面的属性要求：职权法定、权力制约、保障人权、程序正当。

（一）职权法定

职权法定是指行政机关及其公职人员的行政权力，来自于法律的明确授权，而非自行设定。因此，行政机关及其公职人员要做到依法行政，首先必须严守法律明确授予的行政职权，必须在法律规定的职权范围内活动。非经法律授权，不得作出行政管理行为；超出法律授权范围，不享有对有关事务的管理权，否则都属于行政违法。正如党的十八届四中全会强调的那样，"行政机关不得法外设定权力，没有法律法规依据不得作出减损公民、法人和其他组织合法权益或者增加其义务的决定"。坚持职权法定，首先在思想上要牢固树立宪法和法律的权威。宪法是国家的根本法，是治国安邦的总章程，任何法律和规范性文件都不得与宪法相抵触。依据宪法而制定的法律是全社会一体遵循的行动准则，任何人都不享有超越法律的特权。要注意培养依法办事的良好工作作风，切实做到办事依法、遇事找法、解决问题用法、化解矛盾靠法，在法治轨道上推动各项工作。有关部门要切实按照中央的要求，把法治建设成效作为衡量各级领导班子和领导干部工作实绩的重要内容，纳入政绩考核指标体系。把能不能遵守法律、依法办事作为考察干部的重要内容，在相同条件下，优先提拔使用法治素养好、依法办事能力强的干部。对特权思想严重、法治观念淡薄的干部要批评教育，不改正的要调离领导岗位。

（二）权力制约

权力制约是中国特色社会主义法治理念中的一项基本原则，这一原则贯穿于宪法始终，体现在各部法律之内。我国现行宪法对国家权力的设定充分体现了权力的分工与制约原则。首先，宪法明确规定国家的一切权力属于人民。其次，宪法在人民代表和国家机关及其工作人员的关系上，规定人民代表由人民选举产生，对人民负责，接受人民监督。人民有权对国家机关及其工作人员提出批评、建议、控告、检举等。再次，宪法规定国家行政机关、审判机关、检察机关都由人大产生，对它负责，受它监督。此外，我国宪法为充分保证执法机关正确执法，还明确规定了行政机关和司法机关在本系统内实行监督和制约。权力制约是法治国家的基本特征。改革开放以来，党和国家高度重视对权力的监督制约，党的十七大报告明确提出，要完善制约和监督机制，保证人民赋予的权力始终用来为人民谋利益；确保权力正确行使，必须让权力在阳光下运行；要坚持用制度管权、管事、管人，建立健全决策权、执行权、监督权既相互制约又相互协调的权力结构和运行机制。习近平总书记在首都各界纪念现行宪法公布施行30周年大会上的讲话中强调："我们要健全权力运行制约和监督体系，有权必有责，用权受监督，失职要问责，违法要追究，保证人民赋予的权力始终用来为人民谋利益。"

（三）保障人权

我们党长期注重尊重和保障人权。早在新民主主义革命时期，中国共产党就在所领导的红色革命根据地内颁布了《中华苏维埃共和国宪法大纲》《陕甘宁边区施政纲领》《陕甘宁边区宪法原则》等宪法性文件，明确规定保障人民权利的内容。抗战时期，为广泛调动一切抗日力量，各根据地人民政府普遍颁布和实施了保障人权的法令。新中国成立后的第一部宪法，就将公民的人身、经济、政治、社会、文化等方面的权利用根本大法的形式固定下来。20世纪80年代末，我们党就明确提出，社会主义中国要把人权旗帜掌握在自己手中。1991年11月1日，国务院新闻办公室向世界公布了新中国第一份《中国的人权状况》的白皮书，以政府文件的形式正面肯定了人权在中国政治发展中的地位。1997年9月，党的十五大明确提出："共产党执政就是领导和支持人民掌握管理国家的权力，实行民主选举、民主决策、民主管理和民主监督，保证人民依法享有广泛的权利和自由，尊重和保障人权。"此后，尊重和保障人权成为了中国共产党执政的基本目标和政治体制改革与民主法制建设的一个重要内容。2004年3月，十届全国人大二次会议通过宪法修正案，首次将"人权"概念载入宪法，明确规定"国家尊重和保障人权"。至此，尊重和保障人权上升为国家的一项宪法原则，成为行政执法活动中一条不应逾越的底线。

（四）程序正当

程序正当是社会主义法治对行政活动提出的一项基本要求。具体地说，程序正当是指行政机关行使行政权力、实施行政管理时，除涉及国家秘密和依法受到保护的商业秘密、个人隐私的外，都应当公开，注意听取公民、法人和其他组织的意见；要严格遵循法定程序，依法保障行政管理相对人、利害关系人的知情权、参与权和救济权。履行职责的行政机关工作人员与行政管理相对人存在利害关系时，应当回避。实践中，以保密为由拒绝向相对人提供依法应当提供的相关信息；作出行政决定没有听取相对人的意见和申辩；履行行政职责的行政机关工作人员缺乏回避意识等情况屡见不鲜。这种重实体、轻程序的现象历史上长期存在，行政机关与相对人之间更多地表现为一种命令与服从的关系。改革开放以来，尤其是在全面推进依法治国的进程中，程序正当逐步被提到了应有的位置。程序正当在许多单行法中有着明确的规定。如行政处罚法第四十二条就明确规定，行政机关作出责令停产停业、吊销许可证或者执照、较大数额罚款等行政处罚决定之前，应当告知当事人有要求举行听证的权利；当事人要求听证的，行政机关应当组织听证。党的十八届三中全会更是明确要求："完善行政执法程序，规范执法自由裁量权，加强对行政执法的监督，全面落实行政执法责任制和执法经费由财政保障制度，做到严格规范公正文明执法。"强调程序正义，不仅在于它是法治文明进步的重要成果，而且在于程序正义的维护和实现有助于增强法律实施的可接受性。

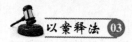

化解矛盾终究须靠法

2005年6月11日凌晨4时30分，为驱赶因征地补偿纠纷而在工地驻守阻止施工的河北省定州市某村部分村民，260余名社会闲散人员携带猎枪、棍棒、铁管、弩等工具，肆意使用暴力进场驱赶、伤害村民，造成6人死亡，15人重伤，多人轻伤、轻微伤的特别严重后果。最终，该案的组织策划者、骨干分子等主要案犯全部被抓获，共有248名犯罪嫌疑人到案。已批捕31人，刑拘131人。该案中定州市原市委书记和某等6人被判处无期徒刑，剥夺政治权利终身；其他被告人分别被判处15年至6年有期徒刑。

释解

定州"6·11"案件是河北省定州市因一起项目建设需要大范围征地引发的。该项目是国家"十五"时期重点项目，能够落户定州，是经过六届市委、市政府的艰苦努力，历时13年才争取到的。如此一件争取多年才得到的项目，之所以最终引发了特别严重的后果，固然有很多方面的原因所造成，但其中最为直接的一个原因在于，原市委书记和某面临着久拖不决的征地事件，没有"办事依法、遇事找法、解决问题用法、化解矛盾靠法"，而是轻信了"小兄弟"的承诺，适当给村民们一点教训，结果一批社会闲杂人员凌晨闯入现场，场面顿时失控。此时，尽管和某在现场曾带着哭腔劝说不能伤及村民身体要害部位，但也无力回天。事情的最终结局还是回到法律的层面上来解决，但却付出了极其沉痛的代价。

二、培养法治思维和法治方式的基本途径

全面推进依法治国是国家治理领域的一场深刻革命，培养法治思维和法治方式是一项长期的系统工程。实践表明，任何一种思维方式和行为方式的养成，往往都要经历一个深入学习、深刻领会、坚定信念、反复践行、形成习惯，最后升华到品格的过程。法治思维和法治方式的培养，既是个理论问题又是个实践问题，因此更不会例外。

（一）在深入学习中提高认识

通过长期的不懈努力，一个立足中国国情和实际、适应改革开放和社会主义现代化建设需要、集中体现党和人民意志的，以宪法为统帅，以宪法相关法、民法、

商法等多个法律部门的法律为主干，由法律、行政法规、地方性法规与自治条例、单行条例等多层次法律规范构成的中国特色社会主义法律体系已经形成。这个法律体系是法治思维和法治方式的基础内容和基本遵循。因此，培养法治思维和法治方式，必须要结合实际，深入学习宪法和法律的相关规定，切实做到严格依法行使职权、履行职责。

（二）在依法履职中严守底线

党的十八届四中全会明确提出了法治建设的"五项原则"，即坚持中国共产党的领导、坚持人民主体地位、坚持法律面前人人平等、坚持依法治国和以德治国相结合、坚持从中国实际出发，从而为党员干部树立正确的法治理念指明了根本方向，提供了基本遵循。全会还明确要求"行政机关要坚持法定职责必作为，法无授权不可为"。坚持依法履行职责、法无授权不可为是依法行政的底线。行政机关的岗位职责来自于法律授权，必须要牢固树立岗位权力清单意识，在想问题、作决策和办事情中，必须严格遵循法律规则和法定程序，切实做到依法尽职、依法行权。

（三）在依法决策中化解风险

在依法治国不断深入、法律制度不断完备、法律责任日渐明晰的当今，行政机关不依法决策往往成为行政权力运行中的一大风险，成为行政机关承担法律责任、坐上被告席的一大原因。为此，党的十八届四中全会明确提出要健全依法决策机制。各级行政机关及公职人员必须强化责任意识和风险意识，严格遵守重大行政决策法定程序，采取公众参与、专家论证、风险评估、合法性审查、集体讨论决定等法定的程序和办法，确保决策内容合法、程序合法，切实有效防范因决策违法而承担的相应法律责任。

（四）在文明执法中培养品格

依法行政是文明执法的基础和保障，行政公开是文明执法的重要标志。党的十八届三中全会明确要求，"推行地方各级政府及其工作部门权力清单制度，依法公开权力运行流程。完善党务、政务和各领域办事公开制度，推进决策公开、管理公开、服务公开、结果公开"。行政机关及公职人员唯有依据相关法规制度，细化执法操作流程，明确执法权限、坚守法律底线，切实按照法定的许可、收费、检查、征收、处罚和强制等法定权限和程序要求，严格规范和监督执法行为，才能在维护人民群众切身利益的过程中，树立起人民公仆的良好形象，才能有效培养良好的法治思维和法治行为的工作作风与品格。

（五）在接受监督中展示形象

公正执法、带头守法是依法行政的生命力所在。2002年11月召开的党的十六大就明确提出了"加强对执法活动的监督，推进依法行政"。2014年召开的党的十八届四中全会更是明确要求，"必须以规范和约束公权力为重点，加大监督力度，做到有权必有责、用权受监督、违法必追究，坚决纠正有法不依、执法不严、违法不究行为"。强化行政执法监督成为推进依法行政和建设法治政府的一项重要抓手。行政机关及其公职人员在行政执法过程中，要依法自觉接受人大机关的法律监督、上级部门的组织监督、人民政协的民主监督、社会公众的群众监督、相关媒体的舆论监督，通过多种形式了解群众心声，彰显行政执法的公平公正属性，展示依法行政、法治政府的良好形象。

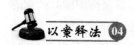

权力不能越出制度的笼子

　　某市发展和改革委员会于2010年7月对10家企业作出废弃食用油脂定点回收加工单位备案，其中包括该市某化工厂和某废油脂回收处理中心。2012年11月，该市某区人民政府发出通知，明确指定该市某再生资源开发有限公司实施全区餐厨废弃物收运处理。该区城市管理局和区商务局于2014年3月发出公函，要求落实文件规定，各生猪屠宰场点必须和某再生资源开发有限公司签订清运协议，否则将进行行政处罚。某新能源有限公司对规定不服，诉至法院，请求撤销该文对某再生资源开发有限公司的指定，并赔偿损失。该市中级人民法院一审认为，被告某区政府在文件中的指定，实际上肯定了某再生资源开发有限公司在该区开展餐厨废弃物业务的资格，构成实质上的行政许可。区城市管理局和区商务局作出的公函已经表明被告的指定行为事实上已经实施。根据行政许可法相关规定，行政机关受理、审查、作出行政许可应当履行相应的行政程序，被告在作出指定前，未履行任何行政程序，故被诉行政行为程序违法。被告采取直接指定的方式，未通过招标等公平竞争的方式，排除了其他可能的市场参与者，构成通过行政权力限制市场竞争，违反了该省餐厨废弃物管理办法第十九条和反垄断法第三十二条的规定。被告为了加强餐厨废弃物处理市场监管的需要，对该市场的正常运行作出必要的规范和限制，但不应在行政公文中采取明确指定某一公司的方式。原告某新能源有限公司对其赔偿请求未提交证据证实，法院对此不予支持。遂判决撤销被告在文件中对某再生资源开发有限公司指定的行政行为，驳回原告的其他诉讼请求。一审宣判后，双方当事人均未上诉。

　　我国法院每年办理的10余万件一审行政案件中，与经济管理和经济领域行政执法密切相关的案件占到30%以上，涉及的领域和类型也越来越丰富。本案是涉及行政垄断的典型案件。行政垄断指行政机关滥用行政权力，违法提高市场准入门槛、违法指定特定企业从事特定业务、违法设置条件限制其他企业参与竞争等行为。它侵犯了市场主体的公平竞争权，对经济活动的正常运行、商品的自由流通乃至政府的内外形象都会造成较大破坏和不利影响，我国反垄断法和反不正当竞争法对此明令禁止。本案中，该区政府在行政公文中直接指定某再生资源开发有限公司，未通过招标等公平竞争方式，排除了其他可能的市场参与者，构成通过行政权力限制市场竞争的违法情形。新修改的行政诉讼法将"滥用行政权力侵犯公平竞争权"明确纳入受案范围，就是为突出行政审判对市场正常竞争秩序的有力维护。随着法治不断进步，公民、法人等各类市场主体在运用行政诉讼法律武器依法维权、监督和规制行政垄断方面，将发挥越来越大的作用。

第四节　"谁执法谁普法"的普法责任制

2015年是全面推进依法治国的开局之年，如何让法治理念、法治思维、法治精神、法治信仰入脑入心，成为全民共识，是深入开展普法教育的关键。中共中央、国务院转发了《中央宣传部、司法部关于在公民中开展法治宣传教育的第七个五年规划(2016—2020年)》提出，实行国家机关"谁执法谁普法"的普法责任制。"谁执法谁普法"，即以法律所调整的社会关系的种类和所涉及的部门、行业为主体，充分发挥行业优势和主导作用，在抓好部门、行业内部法治宣传教育的同时，负责面向重点普法对象，面向社会宣传本部门、本行业所涉及和执行的法律法规。实行"谁执法谁普法"工作原则，是贯彻落实"七五"普法规划的重要举措，有利于充分发挥执法部门、行业职能的优势和主导作用，扩大普法依法治理工作覆盖面，增强法治宣传教育的针对性、专业性，促进执法与普法工作的有机结合，进一步加大普法工作力度，真正形成部门、行业分工负责、各司其职、齐抓共管的大普法工作格局。

一、"谁执法谁普法"是法治国家的新要求

实行国家机关"谁执法谁普法"的普法责任制，建立法官、检察官、行政执法人员、律师等以案释法制度，加强普法讲师团、普法志愿者队伍建设。执法和司法人员普法具有天然的优势。严格执法、公正司法是法治信仰最好的支撑，也是最好的普法实践。将普法与立法、司法、执法关联在一起具有重要的现实意义。法的执行力既需要靠执法机关执法办案，也要靠全民守法来实现。法的贯彻执行需要靠大家守法，守法的前提是普法，让百姓知道法律。"谁执法谁普法"体现了法治中国的新要求，凸显了执法主体对普法的重要责任。执法机关对其执法对象、执法内容、执法当中存在的问题最了解，他们开展普法也更具针对性、及时性、有效性。国家机关的工作涉及人民群众学习、生活、工作的方方面面，由执法者在为群众办事过

程中进行普法教育，更具有亲历性和普及性，更利于人民群众接受。如交警部门宣传交通法规，税务部门宣传税法，劳动保障部门宣传劳动保障的相关法律法规。

二、"谁执法谁普法"指导思想

以党的十八大和十八届三中、四中全会精神及习近平总书记系列重要讲话精神为指导，坚持围绕中心、服务大局，坚持创新形式、注重实效，坚持贴近基层、服务群众，以建立健全法治宣传教育机制为抓手，以开展"学习宪法、尊法守法"等主题活动为载体，通过深入开展法治宣传教育，充分发挥法治宣传教育在法治建设中的基础性作用，进一步形成分工负责、各司其职、齐抓共管的普法工作格局，通过实行"谁执法谁普法"教育活动，普及现有法律法规，提升执法人员的法治观念和行政执法水平，增强相关法治主体的法律意识，营造全社会关注、关心法治的浓厚氛围，推动形成自觉守法用法的社会环境，为经济建设营造良好的法治环境。

三、"谁执法谁普法"工作原则

（一）坚持执法办案与普法宣传相结合的原则

使普法宣传教育渗透执法办案全过程，利用以案释法、以案普法、以案学法等方式普及法律常识，通过文明执法促进深度普法，通过广泛普法促进文明执法。在各行业监管中，以行政执法、公众参与、以案释法为导向，形成行政执法人员以案释法工作长效机制，实行长态化普法。在执法工作中，要加大对案件当事人的法律宣传教育，只有在当事人中积极进行法律知识和典型案例的宣传，才能起到事半功倍的宣传效果，才能让广大群众更为有效地学习法律知识，才能从实际案件中学法、懂法、用法，有效维护自身权利。

（二）坚持日常宣传与集中宣传相结合的原则

各机关单位根据担负职能和工作特点，在广泛开展法治宣传的同时，以各自业务领域为主要方向，结合"宪法法律宣传月"和"3·15""12·4"法治宣传日等特殊时段和节点。面向执法对象、服务对象和社会公众开展广泛的群众性法治宣传活动。开展各类重点突出、针对性强的集中法治宣传活动，切实增强工作的实效性。

（三）坚持上下联动和属地管理相结合的原则

强化上级部门对下级部门、主管部门对下属单位的指导，坚持市、县、乡三级联动普法。落实普法工作属地管理责任，强化地方党委政府对部门普法工作的监督考核，努力形成党委领导、人大监督、政府实施、政协支持、各部门协作配合、全社会共同参与的法治宣传教育新格局。

四、"谁执法谁普法"的主要任务

（一）切实落实普法工作责任制

"谁执法谁普法"工作责任主体要结合自身实际，将普法工作纳入全局工作统筹安排，制订切实可行的年度普法工作计划。健全完善普法领导机制，明确领导职责，加强普法办公室的建设，保证普法工作所需人员和经费。

（二）着力强化法律法规宣传教育

1.认真开展面向社会的普法活动

结合"12·4"国家宪法日、"4·7"世界卫生日、"7·11"世界人口日等各种主题活动，通过集中宣传咨询、印发资料、LED屏滚动播出等方式，以及网站、微信、微博、广播、电视、报刊等传播平台，围绕行业普法工作重点以及群众关心的热点问题和行业执法工作的重点，开展面向大众的法治宣传教育活动。

2.扎实做好系统内人员的法治教育

以社会主义法治理念、宪法和国家基本法律法规、依法行政以及反腐倡廉、预防职务犯罪等法律知识为重点，把法治教育与政治理论教育、理想信念教育、职业道德教育、党的优良传统和作风教育结合起来，通过集中办班、举办讲座、召开研讨交流会、组织或参加法律知识考试、自学等方式，加大系统内工作人员法治学习力度，不断增强领导干部和工作人员的法治理念、法律素养和依法行政、依法管理的能力。

（三）大力推进普法执法有机融合

寓普法于执法之中，把普法与执法紧密结合起来，使执法过程成为最生动的普法实践，大力促进普法与执法的有机融合。让法治宣传渗透执法办案的各环节、全过程，利用以案释法、现身说法等形式向社会大众传播法律、宣传法律，通过深化普法，预防违法行为，减少执法阻力，巩固执法成果。

（四）全面建立以案释法制度体系

1.建立典型案例评选制度

以案释法是利用身边或实际生活中发生的案例诠释法律的过程，要精心筛选具有重大典型教育意义、社会关注度高、与群众关系密切的"身边的案例""成熟的案例""针对性强的案例"，作为释法重点。定期开展行政执法案卷质量评查活动，评选出具有行业特点且与社会大众生活健康息息相关的典型案例。

2.建立典型案例传播制度

通过在部门网站设立以案释法专栏、免费发放典型案例宣传册等方式，以案释法、以案讲法，让公众进一步了解事实认定、法律适用的过程，了解案件审理、办结的情况。加强与新闻媒体的联系协调，推动落实新闻媒体的公益普法责任，充分发挥新闻媒体的法治传播作用。探索与媒体合作举办以案释法类节目，邀请媒体参与执法，积极引导社会法治风尚，增强法治宣传的传播力和影响力。

3.建立以案释法公开告知制度

在执法过程中，即时告知执法的法律依据，让行政相对人充分了解有关法律规定，知晓自身行为的违法性、应受到的处罚以及维权救济途径。有针对性地分行业定期举办执法相对人法律法规知识培训，通过强化岗前培训、岗位复训、分层培训，切实提高从业人员自身素质和法治意识。与社区合作，通过举办法治讲座、法律讲堂和开展送法进社区等形式，深入浅出地宣传法律及执法情况，释疑解惑，为各类普法对象宣讲典型案例，以身边人说身边事，用身边事教育身边人，推动法治宣传教育贴近基层、贴近百姓、贴近生活。

五、"谁执法谁普法"的工作要求

（一）高度重视，提高认识

充分认识法治宣传教育对全面推进法治建设的重要意义，实行国家机关"谁执法谁普法"的普法责任制是党的十八届四中全会提出的推动全社会树立法治意识的重要举措，也是推动"七五"普法决议落实、全面完成"七五"普法规划的工作要求。要充分认识开展这项工作的重要性和艰巨性，坚持把全民普法和守法作为依法治国的长期基础性工作，常抓不懈，把落实普法责任作为一项基本的职能工作。

（二）加强领导，明确责任

"谁执法谁普法"是一项涉及面广、工作要求高的系统工程，各单位和部门应按照中央的要求，切实加强对"谁执法谁普法"工作的组织领导，具体抓好落实。要明确工作目标、细化工作方案、创新工作举措、落实工作责任，确保"谁执法谁普法"工作落到实处，见到实效。

（三）创新模式，增强实效

充分发挥主导作用和职能优势，全面结合职责范围、行业特点、普法对象的实际情况和依法治理需要及社会热点，及时跟进相关法律法规的重点宣传。发挥广播、电视、报刊、网络和移动通讯等大众媒体的重要作用，用群众喜闻乐见、寓教于乐的形式突出以案释法、以案普法等，通过多种形式创新开展有特色、有影响、有实效的法治宣传。

（四）强化考核，落实责任

将"谁执法谁普法"工作落实情况纳入依法治理的目标绩效考核，同时对普法宣传工作进行督查，对采取措施不得力、工作不到位、目标未完成的单位予以督促并统一纳入年终考核评价体系，对工作突出的先进集体和先进个人予以表扬。

第二章

宪 法

　　宪法是国家的根本大法。它规定了社会各阶级在国家中的地位，是新时期党和国家的中心工作、基本原则、重大方针、重要政策在国家法制上的最高体现，是国家的根本法和治国安邦的总章程。

　　我国现行宪法符合国情、符合实际、符合时代发展要求，充分体现了人民共同意志、充分保障了人民民主权利、充分维护了人民根本利益，是推动国家发展进步、保障人民生活幸福、保障中华民族实现伟大复兴的根本制度。

　　宪法具有最高的法律效力，任何组织和个人都必须尊重宪法法律权威，都必须在宪法法律范围内活动，都必须依照宪法法律行使权力或权利、履行职责或义务，都不得有超越宪法法律的特权。

第一节　概述

一、宪法是国家的根本大法

　　宪法是规定国家根本制度和根本任务，规定国家机关的组织与活动的基本原则，确认和保障公民基本权利，集中表现各种政治力量对比关系的国家根本法。

　　宪法的根本性表现在以下四个方面：

　　第一，在内容上，宪法规定国家的根本制度、政权组织形式、国家结构形式、公民基本权利和基本义务、宪法实施的保障等内容，反映一个国家政治、经济、文化和社会生活的基本方面。

　　第二，在效力上，宪法在整个法律体系中处于最高的地位，具有最高效力。它是其他法律的立法依据，其他的一般法律都不得抵触宪法。

第三，在规范性上，宪法是各政党、一切国家机关、武装力量、社会团体和全体公民的最根本的行为准则。

第四，在修改程序上，宪法的制定和修改程序比其他一般法律的程序更为严格。

二、我国宪法的地位

中华人民共和国成立后，国家先后颁行了四部宪法。我国的现行宪法是在1982年通过的，至今已经进行了四次修改。

宪法以法律的形式确认了我国各族人民奋斗的成果，规定了国家的根本制度、根本任务和国家生活中最重要的原则，具有最大的权威性和最高的法律效力。全国各族人民、一切国家机关和武装力量、各政党和各社会团体、各企业事业组织，都必须以宪法为根本的活动准则，并负有维护宪法尊严、保证宪法实施的职责。作为根本法的宪法，是中国特色社会主义法律体系的重要组成部分，也是法律体系最核心和最重要的内容。

三、宪法的指导思想

宪法指导思想的明确，经历了一个逐步发展完善的过程。

第一阶段：四项基本原则。

1982年现行宪法制定，确立宪法的指导思想是四项基本原则，即坚持社会主义道路，坚持人民民主专政，坚持中国共产党的领导，坚持马克思列宁主义、毛泽东思想。

第二阶段：建设有中国特色社会主义的理论和党的基本路线。

1993年第二次修宪，以党的十四大精神为指导，突出了建设有中国特色社会主义的理论和党的基本路线。

第三阶段：增加邓小平理论。

1999年第三次修宪，将邓小平理论写入宪法，确立邓小平理论在国家中的指导思想地位。

第四阶段：增加"三个代表"重要思想。

2004年第四次修宪，将"三个代表"重要思想载入宪法，确立其在国家中的指导思想地位。

四、宪法基本原则

（一）人民主权原则

宪法第二条第一款规定："中华人民共和国的一切权力属于人民。""一切权力属于人民"是无产阶级在创建无产阶级政权过程中，在批判性地继承资产阶级民主思想的基础上，对人民主权原则的创造性运用和发展。

（二）基本人权原则

我国宪法第二章"公民的基本权利和义务"专章规定和列举了公民的基本权利，

体现了对公民的宪法保护。2004年的宪法修正案把"国家尊重和保障人权"写入宪法，将中国的宪政发展向前推进了一大步。

（三）法治原则

宪法第五条第一款规定了"中华人民共和国实行依法治国，建设社会主义法治国家"，在宪法上正式确立了法治原则。宪法还规定，一切国家机关和武装力量、各政党和各社会团体、各企业事业组织都必须遵守宪法和法律；一切违反宪法和法律的行为，必须予以追究；任何组织和个人都不得有超越宪法和法律的特权。

（四）民主集中制原则

宪法第三条第一款规定："中华人民共和国的国家机构实行民主集中制的原则。"这既是我国国家机构的组织和活动原则，也是我国宪法的基本原则。

五、宪法确定的国家根本任务

宪法确定的国家的根本任务是：沿着中国特色社会主义道路，集中力量进行社会主义现代化建设。中国各族人民将继续在中国共产党领导下，在马克思列宁主义、毛泽东思想、邓小平理论和"三个代表"重要思想指引下，坚持人民民主专政，坚持社会主义道路，坚持改革开放，不断完善社会主义的各项制度，发展社会主义市场经济，发展社会主义民主，健全社会主义法制，自力更生，艰苦奋斗，逐步实现工业、农业、国防和科学技术的现代化，推动物质文明、政治文明和精神文明协调发展，把我国建设成为富强、民主、文明的社会主义国家。

以案释法 05

一切违反宪法和法律的行为都必须予以追究

2014年8月12日凌晨，公安分局民警在处理一起纠纷案件时，发现人大代表张某涉嫌酒后驾车。随后，前来处理的松江交警支队民警对其进行酒精呼气测试，结果为136毫克/100毫升。另经司法鉴定中心检验和鉴定，张某的血液中乙醇浓度为1.25mg/mL，达到了醉酒状态。经过侦查，张某涉嫌危险驾驶，公安分局决定对张某采取刑事强制措施。由于张某有县人大代表的身份，8月14日，公安分局向该县人大常委会发去关于提请批准对涉嫌危险驾驶罪的县人大代表张某采取刑事拘留强制措施的函。10月24日，县十六届人大常委会二十五次会议听取和审议了关于提请许可对县第十六届人大代表张某采取刑事拘留强制措施并暂停其执行代表职务的议案，并依法进行表决。常委会组成人员21名，实到会17名，表决结果：赞成8票，反对1票，弃权8票。因票数未过常委会组成人员的半数，该议案未获通过。11月27日，警方再次提出对张某采取刑事拘留强制措施的申请，该县人大常委会会议审议通过了再次提请的议案，许可公安分局对张某采取刑事拘留强制措施，并从当日起暂时停止其执行代表职务。

宪法第五条第四款规定："一切国家机关和武装力量、各政党和各社会团体、各企业事业组织都必须遵守宪法和法律。一切违反宪法和法律的行为，必须予以追究。"在我国，任何组织或者个人都不得有超越宪法和法律的特权。从人大代表履职需要出发，我国相关法律赋予人大代表以特别的人身保障权，但法律保护的是人大代表的合法权益而不是违法行为。人大代表身份不能成为违法犯罪行为的"护身符"，本案的侦办体现了"一切违反宪法和法律的行为，必须予以追究"的宪法规定在司法实践中得到严格执行。

第二节　我国的基本政治经济制度

一、我国的基本政治制度

（一）人民民主专政

宪法所称的国家性质又称国体，是指国家的阶级本质，反映社会各阶级在国家中的地位，体现该国社会制度的根本属性。

我国宪法第一条第一款规定"中华人民共和国是工人阶级领导的、以工农联盟为基础的人民民主专政的社会主义国家"，即人民民主专政是我国的国体。这一国体需要从以下方面理解：

第一，工人阶级的领导是人民民主专政的根本标志。工人阶级的领导地位是由工人阶级的特点、优点和担负的伟大历史使命所决定的。工人阶级对国家的领导是通过自己的先锋队——中国共产党来实现的。

第二，人民民主专政包括对人民实行民主和对敌人实行专政两个方面。在人民内部实行民主是实现对敌人专政的前提和基础，而对敌人实行专政又是人民民主的有力保障，两者是辩证统一的关系。人民民主专政实质上就是无产阶级专政。

第三，共产党领导下的多党合作与爱国统一战线是中国人民民主专政的主要特色。爱国统一战线是指由中国共产党领导的，由各民主党派参加的，包括社会主义劳动者、社会主义事业的建设者、拥护社会主义的爱国者和拥护祖国统一的爱国者组成的广泛的政治联盟。目前我国爱国统一战线的任务是为社会主义现代化建设服务，为实现祖国统一大业服务，为维护世界和平服务。

（二）人民代表大会制度

人民代表大会制度是中国人民民主专政的政权组织形式（政体），是中国的根本政治制度。

1. 人民代表大会制度的主要内容

国家的一切权力属于人民。人民行使国家权力的机关是全国人大和地方各级人大。各级人大都由民主选举产生，对人民负责，受人民监督。人大及其常委会集体行使国家权力，集体决定问题，严格按照民主集中制的原则办事。国家行政机关、审判机关、检察机关都由人大产生，对它负责，向它报告工作，受它监督。全国人大是最高国家权力机关，地方各级人大是地方国家权力机关。全国人大和地方各级人大各自按照法律规定的职权，分别审议决定全国的和地方的大政方针。全国人大对地方人大不是领导关系，而是法律监督关系、选举指导关系和工作联系关系。

2. 人民代表大会制度的优越性

人民代表大会制度是适合我国国情的根本政治制度，它直接体现我国人民民主专政的国家性质，是建立我国其他国家管理制度的基础。它有利于保证国家权力体现人民的意志；它有利于保证中央和地方国家权力的统一；它有利于保证我国各民族的平等和团结。

总之，我国人民代表大会制度能够确保国家权力掌握在人民手中，符合人民当家作主的宗旨，适合我国的国情。

（三）中国共产党领导的多党合作和政治协商制度

中国共产党领导的多党合作和政治协商制度是中华人民共和国的一项基本的政治制度，是具有中国特色的政党制度。这种政党制度是由中国人民民主专政的国家性质决定的。

1. 多党合作制度的基本内容

中国共产党是执政党，各民主党派是参政党，中国共产党和各民主党派是亲密战友。中国共产党是执政党，其执政的实质是代表工人阶级及广大人民掌握人民民主专政的国家政权。各民主党派是参政党，具有法律规定的参政权。其参政的基本点是：参加国家政权，参与国家大政方针和国家领导人人选的协商，参与国家事务的管理，参与国家方针、政策、法律、法规的制定和执行。中国共产党和各民主党派合作的首要前提和根本保证是坚持中国共产党的领导和坚持四项基本原则。中国共产党与各民主党派合作的基本方针是"长期共存，互相监督，肝胆相照，荣辱与共"。中国共产党和各民主党派以宪法和法律为根本活动准则。

2. 多党合作的重要机构

中国人民政治协商会议，简称"人民政协"或"政协"，是中国共产党领导的多党合作和政治协商的重要机构，也是中国人民爱国统一战线组织。中国人民政治协商会议是在中国共产党领导下，由中国共产党、各个民主党派、无党派民主人士、人民团体、各少数民族和各界的代表，台湾同胞、港澳同胞和归国侨胞的代表，以及特别邀请的人士组成，具有广泛的社会基础。

人民政协的性质决定了它与国家机关的职能是不同的。人民政协围绕团结和民主两大主题履行政治协商、民主监督和参政议政的职能。

（四）民族区域自治制度

民族区域自治制度，是指在国家统一领导下，各少数民族聚居的地方实行区域自治，设立自治机关，行使自治权的制度。

1.自治机关

民族自治地方按行政地位，分为自治区、自治州、自治县。自治区相当于省级行政单位，自治州是介于自治区与自治县之间的民族自治地方，自治县相当于县级行政单位。民族自治地方的自治机关是自治区、自治州、自治县的人大和人民政府。民族自治地方的自治机关实行人民代表大会制度。

2.自治权

民族自治地方的自治权有以下几个方面：

（1）民族立法权。民族自治地方的人大有权依照当地的政治、经济和文化的特点，制定自治条例和单行条例。

（2）变通执行权。上级国家机关的决议、决定、命令和指标，如果不适合民族自治地方实际情况，自治机关可以报经上级国家机关批准，变通执行或者停止执行。

（3）财政经济自主权。凡是依照国家规定属于民族自治地方的财政收入，都应当由民族自治地方的自治机关自主安排使用。

（4）文化、语言文字自主权。民族自治地方的自治机关在执行公务的时候，依照本民族自治地方自治条例的规定，使用当地通用的一种或者几种语言文字。

（5）组织公安部队权。民族自治地方的自治机关依照国家的军事制度和当地的实际需要，经国务院批准，可以组织本地方维护社会治安的公安部队。

（6）少数民族干部具有任用优先权。

（五）基层群众自治制度

基层群众自治制度是指人民依法组成基层自治组织，行使民主权利，管理基层公共事务和公益事业，实行自我管理、自我服务、自我教育、自我监督的一项制度。

中国的基层群众自治制度，是在新中国成立后的民主实践中逐步形成的。党的十七大将"基层群众自治制度"首次写入党代会报告，正式与人民代表大会制度、中国共产党领导的多党合作和政治协商制度、民族区域自治制度一起，纳入了中国特色政治制度范畴。

我国的基层群众自治组织主要是居民委员会和村民委员会。

二、我国的基本经济制度

（一）所有制度

1. 我国的所有制结构概述

我国的所有制结构是公有制为主体、多种所有制经济共同发展。这是我国社会主义初级阶段的一项基本经济制度，它的确立是由我国的社会主义性质和初级阶段的国情决定的。我国是社会主义国家，必须坚持把公有制作为社会主义经济制度的基础。我国处在社会主义初级阶段，需要在公有制为主体的条件下发展多种所有制经济。一切符合"三个有利于"的所有制形式都可以而且应该用来为社会主义服务。我国社会主义建设正反两方面的经验都表明必须坚持以公有制为主体、多种所有制经济共同发展。

2. 公有制

（1）公有制的内容。公有制是生产资料归劳动者共同所有的所有经济结构形式，包括全民所有制和集体所有制。全民所有制经济即国有经济，是国民经济的主导力量。国家保障国有经济的巩固和发展。集体所有制经济是国民经济的基础力量。国家保护城乡集体经济组织的合法的权利和利益，鼓励、指导和帮助集体经济的发展。

（2）公有制的地位。公有制是我国所有制结构的主体，它的主体地位体现在：第一，就全国而言，公有资产在社会总资产中占优势；第二，国有经济控制国民经济的命脉，对经济发展起主导作用。国有经济的主导作用主要体现在控制力上，即体现在控制国民经济发展方向，控制经济运行的整体态势，控制重要稀缺资源的能力上。在关系国民经济的重要行业和关键领域，国有经济必须占支配地位。

（3）公有制的作用。生产资料公有制是社会主义的根本经济特征，是社会主义经济制度的基础，是国家引导、推动经济和社会发展的基本力量，是实现最广大人民群众根本利益和共同富裕的重要保证。坚持公有制为主体，国有经济控制国民经济命脉，对发挥社会主义制度的优越性，增强我国的经济实力、国防实力和民族凝聚力，提高我国国际地位，具有关键性作用。

3. 非公有制

非公有制经济是我国现阶段除了公有制经济形式以外的所有经济结构形式，主要包括个体经济、私营经济、外资经济等。

（1）个体经济，是由劳动者个人或家庭占有生产资料，从事个体劳动和经营的所有制形式。它是以劳动者自己劳动为基础，劳动成果直接归劳动者所有和支配。

（2）私营经济，是以生产资料私有和雇佣劳动为基础，以取得利润为目的的所有制形式。

（3）外资经济，是我国发展对外经济关系，吸引外资建立起来的所有制形式。

它包括中外合资经营企业、中外合作经营企业中的境外资本部分，以及外商独资企业。

非公有制经济是我国社会主义市场经济的重要组成部分，国家保护个体经济、私营经济等非公有制经济的合法权利和利益，鼓励、支持和引导非公有制经济的发展，并对非公有制经济依法实行监督和管理。

（二）分配制度

我国现行的分配制度是以按劳分配为主体、多种分配方式并存的分配制度。这种分配制度是由我国社会主义初级阶段的生产资料所有制结构、生产力的发展水平，以及人们劳动差别的存在决定的，同时也是发展社会主义市场经济的客观要求。

按劳分配的主体地位表现在：（1）全社会范围的收入分配中，按劳分配占最大比重，起主要作用；（2）公有制经济范围内劳动者总收入中，按劳分配收入是最主要的收入来源。除了按劳分配以外，其他分配方式主要还包括按经营成果分配；按劳动、资本、技术、土地等其他生产要素分配。

第三节　公民的基本权利和义务

一、公民的基本权利

公民的基本权利是由一国的宪法规定的公民享有的，主要的、必不可少的权利，故有些国家又把公民的基本权利称为宪法权。

（一）平等权

宪法第三十三条第二款规定："中华人民共和国公民在法律面前一律平等。"这既是我国社会主义法治的一项重要原则，也是我国公民的一项基本权利。其含义有以下几点：第一，我国公民不分民族、种族、性别、职业、家庭出身、宗教信仰、教育程度、财产状况、居住期限，一律平等地享有宪法和法律规定的权利并平等地承担相应的义务；第二，国家机关对公民平等权利进行保护，对公民履行义务平等进行约束；第三，所有公民在适用法律上一律平等，不允许任何组织和个人有超越宪法和法律之上的特权；第四，法律面前一律平等还包括民族平等和男女平等。

（二）政治权利和自由

1.选举权与被选举权

宪法第三十四条规定："中华人民共和国年满十八周岁的公民，不分民族、种族、性别、职业、家庭出身、宗教信仰、教育程度、财产状况、居住期限，都有选举权和被选举权；但是依照法律被剥夺政治权利的人除外。"选举权与被选举权包含以下内容：公民有权按照自己的意愿选举人民代表；公民有被选举为人民代表的权利；

公民有依照法定程序罢免那些不称职的人民代表的权利。

选举权和被选举权是公民参加国家管理的一项最基本的政治权利，也是最能体现人民群众当家作主的一项权利。

2.言论、出版、集会、结社、游行、示威的自由

宪法第三十五条规定："中华人民共和国公民有言论、出版、集会、结社、游行、示威的自由。"言论自由就是宪法规定公民通过口头或书面形式表达自己意见的自由。出版自由是公民以出版物形式表达其思想和见解的自由。集会自由是指公民享有宪法赋予的聚集在一定场所商讨问题或表达意愿的自由。结社自由是公民为一定宗旨，依照法定程序组织或参加具有连续性的社会团体的自由。游行自由是指公民采取列队行进的方式来表达意愿的自由。示威自由是指通过集会或游行、静坐等方式表达强烈意愿的自由。

我国宪法一方面保障公民享有集会、游行、示威等自由，另一方面也规定了公民应当遵守有关的法律规定。

（三）宗教信仰自由

宪法第三十六条第一款规定："中华人民共和国公民有宗教信仰自由。"尊重和保护宗教信仰自由，是我们党和国家长期的基本政策。

（四）人身自由

宪法第三十七条规定："中华人民共和国公民的人身自由不受侵犯。任何公民，非经人民检察院批准或者决定或者人民法院决定，并由公安机关执行，不受逮捕。禁止非法拘禁和以其他方法非法剥夺或者限制公民的人身自由，禁止非法搜查公民的身体。"

人身自由有广义、狭义之分。狭义的人身自由是指公民的身体自由不受侵犯。广义的人身自由还包括公民的人格尊严不受侵犯、公民的住宅不受侵犯、公民的通信自由和通信秘密受法律保护。

人身自由不受侵犯，是公民最起码、最基本的权利，是公民参加各种社会活动和享受其他权利的先决条件。

（五）监督权

监督权是指宪法赋予公民监督国家机关及其工作人员的活动的权利，包括：

批评权。公民有对国家机关和国家工作人员工作中的缺点和错误提出批评意见的权利。

建议权。公民有对国家机关和国家工作人员的工作提出合理化建议的权利。

控告权。公民对任何国家机关和国家工作人员的违法失职行为有向有关机关进行揭发和指控的权利。

检举权。公民对于违法失职的国家机关和国家工作人员，有向有关机关揭发事

实，请求依法处理的权利。

申诉权。公民的合法权益因行政机关或司法机关作出的错误的、违法的决定或裁判，或者因国家工作人员的违法失职行为而受到侵害时，有向有关机关申诉理由、要求重新处理的权利。

（六）社会经济权利

劳动权。劳动权是指有劳动能力的公民有获得工作并取得相应报酬的权利。

休息权。休息权是为保护劳动者的身体健康和提高劳动效率而休息的权利。

退休人员生活保障权。退休人员生活保障权是指退休人员的生活受到国家和社会保障的权利。

获得物质帮助权。获得物质帮助权是指公民在年老、疾病或者丧失劳动能力的情况下，有从国家和社会获得物质帮助的权利。

（七）文化教育权利

公民有受教育的权利。公民享有从国家接受文化教育的机会和获得受教育的物质帮助的权利。

公民有进行科研、文艺创作和其他文化活动的自由。我国宪法规定，公民有进行科学研究、文学艺术创作和其他文化活动的自由。国家对于从事教育、科学、技术、文学、艺术和其他文化事业的公民的有益于人民的创造性工作，给以鼓励和帮助。

（八）对社会特定人的权利的保护

国家保护妇女的权利和利益。宪法第四十八条规定："中华人民共和国妇女在政治的、经济的、文化的、社会的和家庭的生活等各方面享有同男子平等的权利。国家保护妇女的权利和利益，实行男女同工同酬，培养和选拔妇女干部。"

婚姻、家庭、老人和儿童受国家的保护。宪法第四十九条规定，婚姻、家庭、母亲和儿童受国家的保护；禁止破坏婚姻自由，禁止虐待老人、妇女和儿童。

国家保护华侨、归侨和侨眷的权利和利益。宪法第五十条规定："中华人民共和国保护华侨的正当的权利和利益，保护归侨和侨眷的合法的权利和利益。"

二、公民的基本义务

宪法规定的公民基本义务包括：

第一，维护国家统一和各民族团结的义务。宪法第五十二条规定："中华人民共和国公民有维护国家统一和全国各民族团结的义务。"

第二，遵纪守法和尊重社会公德的义务。宪法第五十三条规定："中华人民共和国公民必须遵守宪法和法律，保守国家秘密，爱护公共财产，遵守劳动纪律，遵守公共秩序，尊重社会公德。"

第三，维护祖国的安全、荣誉和利益的义务。宪法第五十四条规定："中华人民共和国公民有维护祖国的安全、荣誉和利益的义务，不得有危害祖国的安全、荣誉和利益的行为。"

第四，保卫祖国，依法服兵役和参加民兵组织。宪法第五十五条规定："保卫祖国，抵抗侵略是中华人民共和国每一个公民的神圣职责。依照法律服兵役和参加民兵组织是中华人民共和国公民的光荣义务。"

第五，依法纳税的义务。宪法第五十六条规定："中华人民共和国公民有依照法律纳税的义务。"

第六，其他义务。宪法规定的公民基本义务还包括：劳动的义务、受教育的义务、夫妻双方有实行计划生育的义务、父母有抚养教育未成年子女的义务以及成年子女有赡养扶助父母的义务等。

第四节　国家机构的设置及功能

一、国家机构的概述

国家机构是国家为了实现其职能而建立起来的国家机关的总和。我国国家机构由权力机关、行政机关、军事机关、审判机关、检察机关组成。我国国家机构的组织和活动有五大原则：一是民主集中制原则；二是联系群众，为人民服务原则；三是社会主义法治原则；四是责任制原则；五是精简和效率原则。

二、权力机关

（一）全国人大及其常委会

1. 全国人大

全国人大是全国最高的权力机关、立法机关，不只是在权力机关中的地位最高，而且在所有的国家机关中地位最高。全国人大由省、自治区、直辖市、特别行政区和军队选出的代表组成。各少数民族都应当有适当名额的代表。全国人大每届任期五年。

全国人大的主要职权：

立法权。修改宪法，制定和修改刑事、民事、国家机构的和其他的基本法律。

任免权。选举、决定和任免最高国家机关领导人和有关组成人员。

决定权。决定国家重大事务。

监督权。监督宪法和法律的实施，监督最高国家机关的工作。

2. 全国人大常委会

全国人大常委会是全国人大的常设机关，是最高国家权力机关的组成部分，在全国人大闭会期间，行使最高国家权力。全国人大常委会对全国人大负责并报告工作。全国人大选举并有权罢免全国人大常委会的组成人员。全国人大常委会每届任期同全国人大每届任期相同，它行使职权到下届全国人大选出新的常委会为止。

（二）地方各级人大及人大常委会

地方各级人大是地方权力机关。省、直辖市、自治区、县、市、市辖区、乡、民族乡、镇设立人大。县级以上的地方各级人大设立常委会，作为本级人大的常设机关。县级以上地方各级人大及其常委会委员每届任期五年。

（三）民族自治地方各级人大及人大常委会

民族自治地方的权力机关是自治区、自治州、自治县的人民代表大会。

民族自治地方的人民代表大会有权依照当地民族的政治、经济和文化的特点，制定自治条例和单行条例。自治区的自治条例和单行条例，报全国人民代表大会常务委员会批准后生效。自治州、自治县的自治条例和单行条例，报省或者自治区的人民代表大会常务委员会批准后生效，并报全国人民代表大会常务委员会备案。

三、国家主席

国家主席是我国国家机构体系中的一个国家机关，和全国人大常委会结合起来行使国家职权，对外代表中华人民共和国。

国家主席、副主席，由全国人大选举产生，任期是五年，连续任期不得超过两届。

国家主席根据全国人民代表大会的决定和全国人民代表大会常务委员会的决定，公布法律，任免国务院总理、副总理、国务委员、各部部长、各委员会主任、审计长、秘书长，授予国家的勋章和荣誉称号，发布特赦令，宣布进入紧急状态，宣布战争状态，发布动员令。

国家主席代表中华人民共和国进行国事活动，接受外国使节；根据全国人民代表大会常务委员会的决定，派遣和召回驻外全权代表，批准和废除同外国缔结的条约和重要协定。

四、行政机关

（一）国务院

国务院即中央人民政府，是国家最高行政机关，是国家最高权力机关的执行机关，统一领导全国各级行政机关的工作。

国务院由总理、副总理、国务委员、各部部长、各委员会主任、审计长、秘书长组成，国务院组成人员的任期为五年，总理、副总理、国务委员的连续任期不得超过两届。

国务院向全国人大及其常委会负责并报告工作，总理领导国务院的工作，副总理、国务委员协助总理工作。

国务院行使以下职权：第一，根据宪法和法律，规定行政措施，制定行政法规，发布决定和命令；第二，向全国人民代表大会或者全国人民代表大会常务委员会提出议案；第三，规定各部和各委员会的任务和职责，统一领导各部和各委员会的工作，并且领导不属于各部和各委员会的全国性的行政工作；第四，统一领导全国地方各级国家行政机关的工作，规定中央和省、自治区、直辖市的国家行政机关的职权的具体划分；第五，编制和执行国民经济和社会发展计划和国家预算；第六，领导和管理经济工作和城乡建设；第七，领导和管理教育、科学、文化、卫生、体育和计划生育工作；第八，领导和管理民政、公安、司法行政和监察等工作；第九，管理对外事务，同外国缔结条约和协定；第十，领导和管理国防建设事业；第十一，领导和管理民族事务，保障少数民族的平等权利和民族自治地方的自治权利；第十二，保护华侨的正当的权利和利益，保护归侨和侨眷的合法的权利和利益；第十三，改变或者撤销各部、各委员会发布的不适当的命令、指示和规章；第十四，改变或者撤销地方各级国家行政机关的不适当的决定和命令；第十五，批准省、自治区、直辖市的区域划分，批准自治州、县、自治县、市的建置和区域划分；第十六，依照法律规定决定省、自治区、直辖市的范围内部分地区进入紧急状态；第十七，审定行政机构的编制，依照法律规定任免、培训、考核和奖惩行政人员；第十八，全国人民代表大会和全国人民代表大会常务委员会授予的其他职权。

（二）地方各级人民政府

地方各级人民政府是地方国家行政机关，也是地方各级人大的执行机关。地方各级人民政府对本级人大和上一级国家行政机关负责并报告工作。县级以上的地方各级人民政府在本级人大闭会期间，对本级人大常委会负责并报告工作。地方各级人民政府都受国务院统一领导，负责组织和管理本行政区域的各项行政事务。

（三）民族自治地方各级人民政府

民族自治地方的行政机关是自治区、自治州、自治县的人民政府。民族自治地方各级人民政府行使宪法规定的地方各级人民政府的职权，同时依照宪法、民族区域自治法和其他法律规定的权限行使自治权，根据本地方实际情况贯彻执行国家的法律、政策。

五、军事机关

中央军委是中国共产党领导下的最高军事领导机关，统率全国武装力量（解放军、武装警察部队、民兵、预备役）。

中央军委由主席、副主席、委员组成，实行主席负责制。主席由全国人大选举产生，副主席和委员根据主席的提名由大会决定，大会闭会期间由人大常委会决定。中央军委的委员每届任期五年，主席和副主席可以终身任职。

中央军委实行主席负责制，军委主席直接对全国人大及其常委会负责。

六、审判机关

人民法院是国家的审判机关，依法独立行使审判权，不受行政机关、团体和个人的非法干预。人民法院体系由最高人民法院、地方人民法院（高级人民法院、中级人民法院、基层人民法院)、专门人民法院（军事法院、海事法院、铁路运输法院）构成。

最高人民法院是国家最高的审判机关，地方人民法院是地方的审判机关，专门人民法院是专门审判机关。最高人民法院监督地方各级人民法院和专门人民法院的审判工作，上级人民法院监督下级人民法院的审判工作。

最高人民法院对全国人大和全国人大常委会负责。地方各级人民法院对产生它的国家权力机关负责。

最高人民法院由院长、副院长、庭长、副庭长、审判员等若干人组成。最高人民法院的院长由全国人大选举产生，任期五年，连任不得超过两届。

七、检察机关

人民检察院是国家的法律监督机关，依法独立行使检察权，不受行政机关、社会团体和个人的干涉。

人民检察院体系由最高人民检察院、地方人民检察院和专门人民检察院构成。

最高人民检察院是最高法律监督机关，领导地方各级人民检察院和专门人民检察院的工作，上级人民检察院领导下级人民检察院的工作。

最高人民检察院对全国人大及其常委会负责。地方各级人民检察院对产生它的国家权力机关和上级人民检察院负责。

全国人大选举产生最高人民检察院检察长；根据最高人民检察院检察长的提请，全国人大常委会任免最高人民检察院副检察长、检察员、检察委员会委员和军事检察院检察长，并且批准省、自治区、直辖市的人民检察院检察长的任免。

第五节　国家宪法日和宪法宣誓制度

一、国家宪法日

（一）国家宪法日的设立

党的十八届四中全会通过的《中共中央关于全面推进依法治国若干重大问题的决定》提出，将每年12月4日定为国家宪法日。2014年11月1日，十二届全国人大常委会十一次会议通过的《全国人民代表大会常务委员会关于设立国家宪法日的决定》，正式将12月4日设立为国家宪法日；决定在宪法日，国家通过多种形式开展宪法宣传教育活动。

（二）国家宪法日的设立目的及意义

宪法是国家的根本法，是治国安邦的总章程，具有最高的法律地位、法律权威和法律效力。全面贯彻实施宪法，是全面推进依法治国、建设社会主义法治国家的首要任务和基础性工作。全国各族人民、一切国家机关和武装力量、各政党和各社会团体、各企业事业组织，都必须以宪法为根本的活动准则，并且负有维护宪法尊严、保证宪法实施的职责。任何组织或者个人都不得有超越宪法和法律的特权，一切违反宪法和法律的行为都必须予以追究。国家宪法日设立的目的，是为了增强全社会的宪法意识，弘扬宪法精神，加强宪法实施，全面推进依法治国。设立国家宪法日，有助于树立宪法权威，维护宪法尊严；有助于普及宪法知识，增强全社会宪法意识，弘扬宪法精神；有助于扩大宪法实施的群众基础，加强宪法实施的良好氛围，弘扬中华民族的宪法文化。

二、宪法宣誓制度

（一）宪法宣誓制度的确立及意义

2015年7月1日，十二届全国人大常委会十五次会议通过了《全国人民代表大会常务委员会关于实行宪法宣誓制度的决定》，以国家立法形式确立了我国的宪法宣誓制度，该决定自2016年1月1日起施行。决定指出：宪法是国家的根本法，是治国安邦的总章程，具有最高的法律地位、法律权威和法律效力。国家工作人员必须树立宪法意识，恪守宪法原则，弘扬宪法精神，履行宪法使命。宪法宣誓制度的确立及实行，具有非常重要的意义。

实行宪法宣誓制度有利于树立宪法权威；有利于增强国家工作人员的宪法观念，激励和教育国家工作人员忠于宪法、遵守宪法、维护宪法。宪法宣誓仪式是庄严神圣的，宣誓人员通过感受宪法的神圣，铭记自己的权力来源于人民、来源于宪法，在履行职务时就可以严格按照宪法的授权行使职权，发现违反宪法的行为就能够坚决地捍卫宪法、维护宪法。实行宪法宣誓制度也有利于在全社会增强宪法意识。通过宪法宣誓活动，可以强化全体公民对宪法最高法律效力、最高法律权威、最高法律地位的认识，可以提高全体社会成员自觉遵守宪法，按照宪法规定行使权利和履行义务的能力。

（二）宪法宣誓制度的适用主体

根据《全国人民代表大会常务委员会关于实行宪法宣誓制度的决定》的规定，宪法宣誓制度的适用主体主要有：各级人大及县级以上各级人大常委会选举或者决定任命的国家工作人员，以及各级人民政府、人民法院、人民检察院任命的国家工作人员。

全国人大选举或者决定任命的国家主席、副主席，全国人大常委会委员长、副委员长、秘书长、委员，国务院总理、副总理、国务委员、各部部长、各委员会主任、中国人民银行行长、审计长、秘书长，中央军委主席、副主席、委员，最高人民法院院长，最高人民检察院检察长，以及全国人大专门委员会主任委员、副主任委员、委员等，在依照法定程序产生后，进行宪法宣誓。在全国人大闭会期间，全国人大常委会任命或者决定任命的全国人大专门委员会个别副主任委员、委员，国务院部长、委员会主任、中国人民银行行长、审计长、秘书长，中央军委副主席、委员，在依照法定程序产生后，进行宪法宣誓。全国人大常委会任命的全国人大常委会副秘书长，全国人大常委会工作委员会主任、副主任、委员，全国人大常委会代表资格审查委员会主任委员、副主任委员、委员等，在依照法定程序产生后，进行宪法宣誓。以上宣誓仪式由全国人大常委会委员长会议组织。

全国人大常委会任命或者决定任命的最高人民法院副院长、审判委员会委员、庭长、副庭长、审判员和军事法院院长，最高人民检察院副检察长、检察委员会委员、检察员和军事检察院检察长，国家驻外全权代表，在依照法定程序产生后，进行宪法宣誓。宣誓仪式由最高人民法院、最高人民检察院、外交部分别组织。

国务院及其各部门、最高人民法院、最高人民检察院任命的国家工作人员，在就职时进行宪法宣誓。宣誓仪式由任命机关组织。

地方各级人大及县级以上地方各级人大常委员会选举或者决定任命的国家工作人员，以及地方各级人民政府、人民法院、人民检察院任命的国家工作人员，在依照法定程序产生后，进行宪法宣誓。宣誓的具体组织办法由省、自治区、直辖市人民代表大会常务委员会参照《全国人民代表大会常务委员会关于实行宪法宣誓制度的决定》制定，报全国人民代表大会常务委员会备案。

（三）宪法宣誓誓词内容

根据《全国人民代表大会常务委员会关于实行宪法宣誓制度的决定》的规定，宪法宣誓誓词为："我宣誓：忠于中华人民共和国宪法，维护宪法权威，履行法定职责，忠于祖国、忠于人民，恪尽职守、廉洁奉公，接受人民监督，为建设富强、民主、文明、和谐的社会主义国家努力奋斗！"

（四）宪法宣誓形式

根据决定的规定，宪法宣誓仪式根据情况，可以采取单独宣誓或者集体宣誓的形式。单独宣誓时，宣誓人应当左手抚按《中华人民共和国宪法》，右手举拳，诵读誓词。集体宣誓时，由一人领誓，领誓人左手抚按《中华人民共和国宪法》，右手举拳，领诵誓词；其他宣誓人整齐排列，右手举拳，跟诵誓词。宣誓场所应当庄重、严肃，悬挂中华人民共和国国旗或者国徽。负责组织宣誓仪式的机关，可以根据决定并结合实际情况，对宣誓的具体事项作出规定。

第三章
我国行政法律制度

导　读

　　依法行政是依法治国基本方略的重要组成部分，对建设法治中国具有重大意义。依法行政，是政府行政权运行的基本原则，它要求行政机关行使行政权力必须要有法律授权，强调有权有责，用权受监督，损害须赔偿，违法须纠正。

　　行政法是关于行政权授予、行政权的行使，以及对行政权的授予、行使进行监督的法律规范的总和。主要包括三方面的内容。一是行政组织法，即关于行政权的授予和组织行政机关的法律。由行政组织法、行政编制法和公务员法等法律组成。二是行政行为法，即关于行政权行使的法律，由行政许可、行政处罚、行政收费、行政强制、行政征收、行政裁决等法律组成。这部分的行政法律制度具有普遍适用性，与各级政府及各个部门都有关。此外，还有按行政管理事项划分的涉及行政权行使的法律，称为部门行政法，如公安、环保、税务等。三是行政监督法，即对行政机关的组织、行政权的行使进行监督的法律。由行政监察法、审计法、行政复议法、行政诉讼法、行政赔偿法等组成。

第一节　我国依法行政的发展历程

　　1978年党的十一届三中全会的召开，为我国的民主法制建设指明了前进的方向，奠定了坚实的思想基础，为发扬社会主义民主、健全社会主义法制提供了强有力的政治保障。1979年，包括国家机构、刑事、民事在内的一批规范国家政治、经济、文化和社会生活的法律相继出台，为在国家和社会事务管理方面实现有法可依、有法必依、执法必严、违法必究打下了基础。

1982年，现行宪法颁布，对国家机构及其相互关系和职责权限、公民的权利义务等，作出了许多新的重要规定。该部宪法第五条明确规定："国家维护社会主义法制的统一和尊严。一切法律、行政法规和地方性法规都不得同宪法相抵触。一切国家机关和武装力量、各政党和各社会团体、各企业事业组织都必须遵守宪法和法律。一切违反宪法和法律的行为，必须予以追究。任何组织或者个人都不得有超越宪法和法律的特权。"这是依法行政的重要宪法依据。在此期间，国务院组织法和地方组织法的出台，也从制度建设上进一步推动了依法行政的进程。

1984年全国人大六届三次会议上，彭真同志明确提出，国家管理要从依靠政策办事逐步过渡到不仅仅依靠政策还要建立、健全法制，依法办事。随着经济体制改革的不断深入，民主法制观念的逐步加强，1989年4月行政诉讼法颁布。这是我国行政立法指导思想和价值取向的一次重大转变，标志着我国从注重行政权力的确立与维护，开始转向对行政权力的监督与制约，对公民权利的具体确认与保护。这是通过实践"民"告"官"的诉讼程序来促进行政机关依法行政的一项重大举措。

1992年党的十四大正式确立了社会主义市场经济体制，加快依法行政步伐，已成为时代和社会发展的客观要求。1993年八届全国人大一次会议通过的《政府工作报告》明确提出："各级政府都要依法行政，严格依法办事。一切公务人员都要带头学法、懂法，做执法守法的模范。"这是我国第一次以政府文件的形式正式明确提出依法行政的原则。1997年9月，党的十五大正式确立了依法治国、建设社会主义法治国家的基本方略，依法行政的进程从此开始全面提速。

2002年11月，召开的党的十六大，把发展社会主义民主政治，建设社会主义政治文明，作为全面建设小康社会的重要目标之一，明确提出加强对执法活动的监督，推进依法行政。2007年10月，召开的党的十七大，从全面落实依法治国基本方略，加快建设社会主义法治国家的高度，就推行依法行政、加快行政管理体制改革，建设服务型政府，完善制约机制，健全组织法制和程序规则，保证国家机关按照法定权限和程序行使权力、履行职责等提出具体要求。

在此期间，国家公务员暂行条例（1993）、国家赔偿法（1994）、行政处罚法（1996）、行政监察法（1997）、行政复议法（1999）、立法法（2000）、政府采购法（2002）、行政许可法（2003）、公务员法（2005）、行政强制法（2011）等陆续出台，依法行政的体制机制不断健全、依法行政的法律制度日渐完备。

与此同时，1999年11月国务院发布了《关于全面推进依法行政的决定》，对依法行政提出了具体要求。2004年3月国务院颁发了《全面推进依法行政实施纲要》，对全国依法行政的现状进行了深刻总结，对进一步深入推进依法行政提出了全面要求，并第一次明确提出经过十年左右坚持不懈的努力，基本实现建设法治政府的工作目标。

鉴于依法行政的重点难点在市县两级，2008年5月国务院还进一步作出了《关于加强市县政府依法行政的决定》，就扎实推进市县政府依法行政提出工作要求。2012年11月，党的十八大明确要求，推进依法行政，切实做到严格规范公正文明执法。2013年11月，党的十八届三中全会进一步明确提出，建设法治中国，必须坚持依法治国、依法执政、依法行政共同推进，坚持法治国家、法治政府、法治社会一体建设。依法行政被纳入法治中国建设进程中统一部署、整体推进。2014年11月，党的十八届四中全会就深入推进依法行政，加快建设法治政府作出总体部署，要求各级政府必须坚持在党的领导下、在法治轨道上开展工作，加快建设职能科学、权责法定、执法严明、公开公正、廉洁高效、守法诚信的法治政府。

第二节　行政组织法

行政组织法是规范行政机关的职能、组织、编制的法律制度。我国宪法明确规定，中华人民共和国的一切权力属于人民。人民行使国家权力的机关是全国人大和地方各级人大。国家的行政机关是权力机关的执行机关。因此从根本上讲，行政机关行使的行政权力是权力机关通过法律授予的。正因为如此，行政机关必须遵循职权法定原则，不能法外行权。行政组织法中就是规范有关行政组织的性质、地位、职权、职能等方面的法律总称。

行政组织是行政权力的载体，行政组织法通过对行政机关的机构设置、编制与职数、活动方式，以及行政机关的设立、变更和撤销程序等的规定，进而对行政权力行使进行制约，以避免主观随意性。在这方面，我国的国务院组织法和地方组织法，对规范国务院和地方政府的机构设置与职权行使，起到了重要作用。

一、国务院组织法

1982年制定的国务院组织法，是根据宪法中有关国务院的规定内容，对国务院的组成、组织原则、职权行使、会议制度、部委设置等均作出了明确规定。

根据国务院组织法的规定，国务院由总理、副总理、国务委员、各部部长、各委员会主任、审计长、秘书长组成；国务院实行总理负责制，总理领导国务院的工作，副总理、国务委员协助总理工作；国务院行使宪法第八十九条规定的职权；国务院会议分为国务院全体会议和国务院常务会议。国务院全体会议由国务院全体成员组成。国务院常务会议由总理、副总理、国务委员、秘书长组成。国务院工作中的重大问题，必须经国务院常务会议或者国务院全体会议讨论决定；国务院秘书长在总理领导下，负责处理国务院的日常工作；国务院各部、各委员会的设立、撤销或者合并，经总理提出，由全国人大决定；在全国人大闭会期间，由全国人大常委会决定；国务院各部、各委员会实行部长、主任负责制。各部部长、各委员会主任领导本部门的工作，召集和主持部务会议或者委员会会议、委务会议，签署上报国务院的重要请示、报告和下达的命令、指示。各部、各委员会工作中的方针、政策、计划和重大行政措施，应向国务院请示报告，由国务院决定。根据法律和国务院的决定，主管部、委员会可以在本部门的权限内发布命令、指示和规章。

二、地方组织法

《地方各级人民代表大会和地方各级人民政府组织法》于1979年通过，并于2015年作了最新修正。它具体规定了地方各级人民政府的性质、组成、任期、职权、组织原则、会议制度、机构设置等，为规范和制约地方各级政府的行政权力的行使提供了基本的法律依据。

根据地方组织法的规定，地方各级人民政府是地方各级人大的执行机关，是地方各级国家行政机关，对本级人大和上一级国家行政机关负责并报告工作。地方各级人民政府都是国务院统一领导下的国家行政机关，都服从国务院。省、自治区、直辖市、自治州、设区的市的人民政府分别由省长、副省长，自治区主席、副主席，市长、副市长，州长、副州长和秘书长、厅长、局长、委员会主任等组成。县、自治县、不设区的市、市辖区的人民政府分别由县长、副县长，市长、副市长，区长、副区长和局长、科长等组成。乡、民族乡的人民政府设乡长、副乡长。民族乡的乡长由建立民族乡的少数民族公民担任。镇人民政府设镇长、副镇长。地方各级人民政府每届任期五年。

此外，这部法律还具体规定了地方各级人民政府的职权、组织原则、会议制度、内设机构、管理体制等。

尽管我国法律对行政部门的设置、行政权力的行使有着相应的法律规范和制约，但多年来的实践同时也证明，行政机关职权不清、相互交叉冲突，政府职能转变不能适应市场经济的需要，机构臃肿，人浮于事等问题始终存在并难以解决。由于已有的行政组织法还不能完全起到应有的规范和制约作用，以致有时还不得不辅之以相应的机构改革。正因为如此，1997年党的十五大就曾明确提出，深化行政体制改革，实现国家机构组织、职能、编制、工作程序的法定化。2013年党的十八届三中全会进一步明确提出，转变政府职能必须深化机构改革。优化政府机构设置、职能配置、工作流程，完善决策权、执行权、监督权既相互制约又相互协调的行政运行机制。为此，切实按照党中央的要求，进一步完善行政组织法成为当前完善行政法律制度面临的一项重要任务。

三、公务员法

这部法律制定于2005年，具体规定了公务员的入职条件、权利义务、职务级别、录用考核、职务任免、职务升降、奖励惩戒与培训、交流与回避、工资福利保险、辞职辞退与退休、申诉控告、职位聘任及法律责任。这部法律的制定和实施，为规范公职人员的组织管理和职务履行提供了基本的法律遵循。

根据该法的规定，公务员职务分为领导职务和非领导职务。领导职务层次分为：国家级正职、国家级副职、省部级正职、省部级副职、厅局级正职、厅局级副职、县处级正职、县处级副职、乡科级正职、乡科级副职。非领导职务层次在厅局级以下设置。综合管理类的非领导职务分为：巡视员、副巡视员、调研员、副调研员、主任科员、副主任科员、科员、办事员。各机关依照确定的职能、规格、编制限额、职数以及结构比例，设置本机关公务员的具体职位，并确定各职位的工作职责和任职资格条件以及考核、奖惩、专门纪律要求、回避、辞职、辞退、退休、申诉控告等内容。

第三节　行政行为法

行政行为一般是指行政机关依法行使权力，管理公共事务，直接或间接产生法律后果的行为。各行政机关共同性的行政行为，可分为行政立法行为和行政执法行为。其中，行政立法行为主要是指国务院制定行政法规、国务院各部委制定部委规章，各省、自治区、直辖市政府、省会市和经国务院批准的较大市政府和设区的市制定地方规章的行为。行政执法行为，又称具体行政行为，是指行政机关行使行政权力，对特定的公民、法人和其他组织作出的有关其权利义务的单方行为。具体行政行为的表现形式包括：行政命令、行政征收、行政许可、行政确认、行政监督检查、行政处罚、行政强制、行政给付、行政奖励、行政裁决、行政赔偿等。随着推进依法治国、建设法治政府的需要，我国陆续出台了一系列行政行为法，适用频率高的有行政许可法、行政处罚法和行政强制法。

一、行政许可法

行政许可是指行政机关根据公民、法人或者其他组织的申请，经依法审查，准予其从事特定活动的行为。2003年颁布实施的行政许可法，对行政许可的实施机关、行政许可的实施程序、申请与受理、审查与决定、期限、听证、变更与延续，以及行政许可的费用和监督检查等作出了具体规定。实践证明，这部法律的颁布实施，对规范行政许可的设定和实施，保护公民、法人和其他组织的合法权益，维护公共利益和社会秩序，保障和监督行政机关有效实施行政管理，提供了重要的法律保障。这部法律具体规定的内容主要包括：

（一）行政许可的设定范围

设定行政许可的应当属于直接涉及国家安全、公共安全、经济宏观调控、生态环境保护以及直接关系人身健康、生命财产安全等特定活动，需要按照法定条件予以批准的事项；有限自然资源开发利用、公共资源配置以及直接关系公共利益的特定行业的市场准入等，需要赋予特定权利的事项；提供公众服务并且直接关系公共利益的职业、行业，需要确定具备特殊信誉、特殊条件或者特殊技能等资格、资质的事项；直接关系公共安全、人身健康、生命财产安全的重要设备、设施、产品、物品，需要按照技术标准、技术规范，通过检验、检测、检疫等方式进行审定的事项；企业或者其他组织的设立等，需要确定主体资格的事项；法律、行政法规规定可以设定行政许可的其他事项。但上述事项如果属于公民、法人或者其他组织能够自主决定的；市场竞争机制能够有效调节的；行业组织或者中介机构能够自律管理的；行政机关采用事后监督等其他行政管理方式能够解决的，便可以不设行政许可。该法同时还明确规定，法规、规章对实施上位法设定的行政许可作出的具体规定，不得增设行政许可；对行政许可条件作出的具体规定，不得增设违反上位法的其他条件。

（二）行政许可的实施机关

行政许可的实施机关主要包括有权行政机关、具有管理公共事务职能的组织和受委托的其他行政机关。该法明确规定，行政许可由具有行政许可权的行政机关在其法定职权范围内实施。法律、法规授权的具有管理公共事务职能的组织，在法定授权范围内，以自己的名义实施行政许可。被授权的组织适用行政许可法有关行政机关的规定。行政机关在其法定职权范围内，依照法律、法规、规章的规定，可以委托其他行政机关实施行政许可。委托机关应当将受委托行政机关和受委托实施行政许可的内容予以公告。委托行政机关对受委托行政机关实施行政许可的行为应当负责监督，并对该行为的后果承担法律责任。

（三）行政许可的实施程序

公民、法人或者其他组织从事特定活动，依法需要取得行政许可的，应当向行政机关提出申请。申请人申请行政许可，应当如实向行政机关提交有关材料和反映真实情况，并对其申请材料实质内容的真实性负责。申请人提交的申请材料齐全、符合法定形式，行政机关能够当场作出决定的，应当当场作出书面的行政许可决定。根据法定条件和程序，需要对申请材料的实质内容进行核实的，行政机关应当指派两名以上工作人员进行核查。

（四）行政许可的期限

除可以当场作出行政许可决定的外，行政机关应当自受理行政许可申请之日起二十日内作出行政许可决定。二十日内不能作出决定的，经本行政机关负责人批准，可以延长十日，并应当将延长期限的理由告知申请人。

（五）法律责任

行政机关违法实施行政许可，给当事人的合法权益造成损害的，应当依照国家赔偿法的规定给予赔偿。被许可人存在涂改、倒卖、出租、出借行政许可证件，或者以其他形式非法转让行政许可的；超越行政许可范围进行活动的；向负责监督检查的行政机关隐瞒有关情况、提供虚假材料或者拒绝提供反映其活动情况的真实材料的；法律、法规、规章规定的其他违法行为的，行政机关应当依法给予行政处罚。构成犯罪的，依法追究刑事责任。

二、行政处罚法

行政处罚是行政机关对违反行政管理秩序的公民、法人和其他组织依法予以制裁的法律制度。我国1996年颁布实施的行政处罚法对行政处罚的种类和设定、实施机关、管辖和适用，以及行政处罚的程序、执行及法律责任进行了明确规定，为规范行政处罚的设定和实施，保障和监督行政机关有效实施行政管理，维护公共利益和社会秩序，保护公民、法人或者其他组织合法权益提供了基本的法律依据。这部法律具体规定的内容主要包括：

（一）行政处罚的种类

我国的行政处罚包括：警告；罚款；没收违法所得、没收非法财物；责令停产停业；暂扣或者吊销许可证、暂扣或者吊销执照；行政拘留；法律、行政法规规定的其他行政处罚等。

（二）行政处罚的实施机关

行政处罚由具有行政处罚权的行政机关在法定职权范围内实施。国务院或者经国务院授权的省、自治区、直辖市人民政府可以决定一个行政机关行使有关行政机关的行政处罚权，但限制人身自由的行政处罚权只能由公安机关行使。

（三）行政处罚的管辖

行政处罚由违法行为发生地的县级以上地方人民政府具有行政处罚权的行政机关管辖；对管辖发生争议的，报请共同的上一级行政机关指定管辖；违法行为构成犯罪的，行政机关必须将案件移送司法机关，依法追究刑事责任。

（四）行政处罚的适用

行政机关实施行政处罚时，应当责令当事人改正或者限期改正违法行为。对当事人的同一个违法行为，不得给予两次以上罚款的行政处罚；不满十四周岁的人有违法行为的，不予行政处罚，责令监护人加以管教；已满十四周岁不满十八周岁的人有违法行为的，从轻或者减轻行政处罚；精神病人在不能辨认或者不能控制自己行为时有违法行为的，不予行政处罚，但应当责令其监护人严加看管和治疗。间歇性精神病人在精神正常时有违法行为的，应当给予行政处罚。违法行为在二年内未被发现的，不再给予行政处罚。法律另有规定的除外。

（五）行政处罚程序

行政处罚程序包括简易程序、一般程序。

1. 简易程序

适用于违法事实确凿并有法定依据，对公民处以五十元以下、对法人或者其他组织处以一千元以下罚款或者警告的行政处罚的，可以当场作出行政处罚决定。

2. 一般程序

适用于行政机关发现公民、法人或者其他组织有依法应当给予行政处罚的行为，需要全面、客观、公正调查，收集有关证据或需要依法进行检查的案件。行政机关依法给予行政处罚的，应当制作行政处罚决定书。行政处罚决定书应当载明的事项包括：当事人的姓名或者名称、地址；违反法律、法规或者规章的事实和证据；行政处罚的种类和依据；行政处罚的履行方式和期限；不服行政处罚决定，申请行政复议或者提起行政诉讼的途径和期限；作出行政处罚决定的行政机关名称和作出决定的日期。行政处罚决定书应当在宣告后当场交付当事人；当事人不在场的，行政机关应当在七日内依照民事诉讼法的有关规定，将行政处罚决定书送达当事人。

此外该法还具体规定了行政处罚前的听证程序、行政处罚的执行及法律责任

三、行政强制法

我国法定的行政强制包括行政强制措施和行政强制执行。行政强制措施，是指行政机关在行政管理过程中，为制止违法行为、防止证据损毁、避免危害发生、控制危险扩大等情形，依法对公民的人身自由实施暂时性限制，或者对公民、法人或者其他组织的财物实施暂时性控制的行为。行政强制执行，是指行政机关或者行政机关申请人民法院，对不履行行政决定的公民、法人或者其他组织，依法强制履行义务的行为。2011年颁布实施的行政强制法，规定了行政强制的种类和设定、行政强制措施实施程序、行政机关强制执行程序、申请人民法院强制执行及法律责任，为规范行政强制的设定和实施，保障和监督行政机关依法履行职责，维护公共利益和社会秩序，保护公民、法人和其他组织的合法权益提供了基本的法律依据。这部法律具体规定的内容主要包括：

（一）行政强制的种类和方式

根据该法规定，行政强制措施由法律设定，种类包括限制公民人身自由；查封场所、设施或者财物；扣押财物；冻结存款、汇款；其他行政强制措施等5类。行政强制执行由法律设定，方式包括加处罚款或者滞纳金；划拨存款、汇款；拍卖或者依法处理查封、扣押的场所、设施或者财物；排除妨碍、恢复原状；代履行；其他强制执行方式等。

（二）行政强制措施实施程序

1. 一般规定

行政机关实施行政强制措施的，实施前须向行政机关负责人报告并经批准；由两名以上行政执法人员实施；出示执法身份证件；通知当事人到场；当场告知当事

人采取行政强制措施的理由、依据以及当事人依法享有的权利、救济途径；听取当事人的陈述和申辩；制作现场笔录；现场笔录由当事人和行政执法人员签名或者盖章，当事人拒绝的，在笔录中予以注明；当事人不到场的，邀请见证人到场，由见证人和行政执法人员在现场笔录上签名或者盖章；法律、法规规定的其他程序。情况紧急，需要当场实施行政强制措施的，行政执法人员应当在二十四小时内向行政机关负责人报告，并补办批准手续。

2. 查封、扣押

查封、扣押应当由法律、法规规定的行政机关实施，其他任何行政机关或者组织不得实施。行政机关决定实施查封、扣押的，应当依法制作并当场交付查封、扣押决定书和清单。查封、扣押决定书应当载明当事人的姓名或者名称、地址；查封、扣押的理由、依据和期限；查封、扣押场所、设施或者财物的名称、数量等；申请行政复议或者提起行政诉讼的途径和期限；行政机关的名称、印章和日期。查封、扣押清单一式二份，由当事人和行政机关分别保存。

3. 冻结

冻结存款、汇款应当由法律规定的行政机关实施，不得委托给其他行政机关或者组织；其他任何行政机关或者组织不得冻结存款、汇款。行政机关依照法律规定决定实施冻结存款、汇款的，应当依法履行程序，并向金融机构交付冻结通知书。

此外，该法还具体规定了行政机关强制执行的具体程序及法律责任。

违法行政决定被撤销

2012年3月，王某收到了国务院行政复议裁决书。裁决书撤销了某省认定他家所在区域征地合法决定的裁决。法学博士王某两年法律维权路，终于看到一线曙光。2010年底，因老家的房屋在未签署拆迁协议的情况下于凌晨被拆。老屋被强拆当日，王某写了一封给家乡市长的公开信。公开信在网上迅速流传，引起了官方重视。当地政府有关领导特地赶赴王某所在的大学和他沟通，承诺"依法依规，妥善处置此事"。公开信事件后，王某家乡的区长答复王某，称"某村村委会答复意见与你本人所提要求差距较大，可能你不能完全接受""我们支持你通过法律渠道依法解决"。2011年7月15日，王某母亲诉某市住房和城乡建设局不履行查处违法拆迁一案在该市某区法院开庭审理。法院认定"非法拆迁"事实不存在，驳回诉讼请求。王某随即上诉，被市中级人民法院驳回。在寻求诉讼解决的同时，王某也向省政府行政复议办公室提起行政复议，要求省政府确认关于该城区城市建设用地的批复违法并予以撤销。2011年3月，省政府行政复议办公室召开听证会，只有王某一方提交相关证据，

"政府说他们所有的行为都合法，没必要提交证据。"4月6日，省政府行政复议办公室下发行政复议决定书，驳回复议请求。随后，王某等人依法向国务院法制办提起行政裁决。

 释解

拆迁户依法维权，先后通过行政手段和法律途径，终于为实践宪法明文规定的"公民的合法的私有财产不受侵犯。国家依照法律规定保护公民的私有财产权和继承权"迈出了关键的一步。

随着依法治国的不断推进、依法行政的不断深入，我国各级行政机关面临的行政诉讼的争议案件在逐步增多，当被告的几率在逐渐增大，这是一种正常的客观现象。当被告不被动，被动的是工作中存在着没有依法行政的瑕疵。情况表明，各级行政管理部门在工作中比较容易引起争议的，主要集中在行政主体不适格、行政行为越权、规范性文件与上位法相抵触、行政决定失当和行政不作为几个方面。因此，在全面推进依法治国的大背景下，在法律制度不断完备、监督渠道极大畅通的情况下，在公民依法维权意识不断增强的态势下，唯有依法决策、依法办事，努力实现与依法行政相适应的行政管理方式的转变，树立职权法定意识、程序法定意识和权责统一意识，切实提高依法行政的自觉性和工作水平，才能从根本上杜绝此类案件的发生。

第四节　行政监督法

行政权力是国家机关中权力最大、涉及人数最多，对国家和社会的发展最为重要、与人民群众关系最为密切的权力，因此行政监督是国家监督体系中的极为重要的组成部分。行政系统内部的监督，主要有行政系统内的专门监督和上级对下级的层级监督。

在我国，行政系统内的专门监督主要为审计监督和行政监察，并且已经制定了审计法和行政监察法。根据审计法的规定，在政府内部监督范围内，审计主要是对本级政府各部门和下级政府预算的执行情况和决算、预算外资金的管理和使用情况；政府部门管理和社会团体受政府委托管理的社会保障基金、社会捐献资金及其他有关基金、资金的财务收支等进行审计监督。审计部门在行使职权时，拥有要求报送权、检查权、调查权、制止并采取措施权、通报权及处理权等多方面的权限。根据行政监察法的规定，行政监察是监察部门对行政机关及其公务员的行政效能和清正廉洁两方面进行的监督。监察部门在行使监督权时拥有检查、调查权、建议处分权等较为广泛的权力。

层级监督方面，我国目前已建立了行政复议制度、行政诉讼制度和国家赔偿制度。并相应地颁布实施了行政复议法、行政诉讼法和国家赔偿法。其中，行政复议制度是指公民、法人或其他组织认为行政机关的行政行为侵犯其合法权益，向上级行政机关申请复议，由复议机关作出复议决定的制度，既属于上级行政机关对下级行政机关的监督，同时也是公民、法人或其他组织不服下级行政机关的具体行政行为要求复议机关作出公正裁判的一种救济行为。由于行政复议实际上是上级对下级的监督，因此行政复议的范围较为宽泛，在行政复议中，公民、法人或其他组织不仅可以对具体行政行为是否合法，要求进行审查，也可以对该具体行政行为是否合理，要求进行审查。而在行政诉讼中，人民法院对具体行政行为则只能进行合法性审查，除行政处罚外，原则上不作合理性、适当性审查。

一、行政复议法

行政复议是指公民、法人或者其他组织，认为行政机关的具体行政行为侵犯了其合法权益，依法向上级行政机关提出复议申请，上级行政机关依法对该具体行政行为进行合法性、适当性审查，并作出复议决定的行政行为。我国1999年颁布实施的行政复议法，对行政复议机关的职责、行政复议范围、行政复议申请、行政复议受理、行政复议决定和法律责任等作出具体规定。这部法律具体规定的内容主要包括：

（一）行政复议机关的职责

行政复议机关负责法制工作的机构具体办理行政复议事项，履行的职责包括受理行政复议申请；向有关组织和人员调查取证，查阅文件和资料；审查申请行政复议的具体行政行为是否合法与适当，拟订行政复议决定；处理或者转送法律规定的审查申请；依照规定的权限和程序对违法的具体行政行为提出处理建议；办理因不服行政复议决定提起行政诉讼的应诉事项；法律、法规规定的其他职责。行政复议机关履行行政复议职责时，应当遵循合法、公正、公开、及时、便民的原则，坚持有错必纠，保障法律、法规的正确实施。

（二）行政复议范围

公民、法人或者其他组织可以依法申请行政复议的情形包括对行政机关作出的警告、罚款、没收违法所得、没收非法财物、责令停产停业、暂扣或者吊销许可证、暂扣或者吊销执照、行政拘留等行政处罚决定不服的；对行政机关作出的限制人身自由或者查封、扣押、冻结财产等行政强制措施决定不服的；对行政机关作出的有关许可证、执照、资质证、资格证等证书变更、中止、撤销的决定不服的；对行政机关作出的关于确认土地、矿藏、水流、森林、山岭、草原、荒地、滩涂、海域等自然资源的所有权或者使用权的决定不服的；认为行政机关侵犯合法的经营自主权的；认为行政机关变更或者废止农业承包合同，侵犯其合法权益的；认为行政机关违法集资、征收财物、摊派费用或者违法要求履行其他义务的；认为符合法定条件，申请行政机关颁发许可证、执照、资质证、资格证等证书，或者申请行政机关审批、登记有关事项，行政机关没有依法办理的；申请行政机关履行保护人身权利、财产权利、受教育权利的法定职责，行政机关没有依法履行的；申请行政机关依法发放抚恤金、社会保险金或者最低生活保障费，行政机关没有依法发放的；认为行政机关的其他具体行政行为侵犯其合法权益的。

（三）行政复议申请

公民、法人或者其他组织认为具体行政行为侵犯其合法权益的，可以自知道该具体行政行为之日起六十日内提出行政复议申请；但是法律规定的申请期限超过六十日的除外。因不可抗力或者其他正当理由耽误法定申请期限的，申请期限自障碍消除之日起继续计算。同申请行政复议的具体行政行为有利害关系的其他公民、法人或者其他组织，可以作为第三人参加行政复议。公民、法人或者其他组织对行政机关的具体行政行为不服申请行政复议的，作出具体行政行为的行政机关是被申请人。申请人申请行政复议，可以书面申请，也可以口头申请；口头申请的，行政复议机关应当当场记录申请人的基本情况、行政复议请求、申请行政复议的主要事实、理由和时间。

（四）行政复议受理

行政复议机关收到行政复议申请后，应当在五日内进行审查，对不符合法律规定的行政复议申请，决定不予受理，并书面告知申请人；对符合行政复议法规定，但是不属于本机关受理的行政复议申请，应当告知申请人向有关行政复议机关提出。对行政复议决定不服再向人民法院提起行政诉讼的，行政复议机关决定不予受理或者受理后超过行政复议期限不作答复的，公民、法人或者其他组织可以自收到不予受理决定书之日起或者行政复议期满之日起十五日内，依法向人民法院提起行政诉讼。

（五）行政复议决定

行政复议原则上采取书面审查的办法，但是申请人提出要求或者行政复议机关负责法制工作的机构认为有必要时，可以向有关组织和人员调查情况，听取申请人、被申请人和第三人的意见。行政复议机关负责法制工作的机构应当对被申请人作出的具体行政行为进行审查，提出意见，经行政复议机关的负责人同意或者集体讨论通过后，按照具体行政行为认定事实清楚，证据确凿，适用依据正确，程序合法，内容适当的，决定维持；被申请人不履行法定职责的，决定其在一定期限内履行。对存在主要事实不清、证据不足的；适用依据错误的；违反法定程序的；超越或者滥用职权的；具体行政行为明显不当等情形之一的，决定撤销、变更或者确认该具体行政行为违法；决定撤销或者确认该具体行政行为违法的，可以责令被申请人在一定期限内重新作出具体行政行为。

（六）法律责任

行政复议机关违反规定，无正当理由不予受理依法提出的行政复议申请或者不按照规定转送行政复议申请的，或者在法定期限内不作出行政复议决定的，对直接负责的主管人员和其他直接责任人员依法给予警告、记过、记大过的行政处分；经责令受理仍不受理或者不按照规定转送行政复议申请，造成严重后果的，依法给予降级、撤职、开除的行政处分。行政复议机关工作人员在行政复议活动中，徇私舞弊或者有其他渎职、失职行为的，依法给予警告、记过、记大过的行政处分；情节严重的，依法给予降级、撤职、开除的行政处分；构成犯罪的，依法追究刑事责任。被申请人违反规定，不提出书面答复或者不提交作出具体行政行为的证据、依据和其他有关材料，或者阻挠、变相阻挠公民、法人或者其他组织依法申请行政复议的，对直接负责的主管人员和其他直接责任人员依法给予警告、记过、记大过的行政处分；进行报复陷害的，依法给予降级、撤职、开除的行政处分；构成犯罪的，依法追究刑事责任。行政复议机关受理行政复议申请，由本级财政予以保障，不得向申请人收取任何费用。

二、行政诉讼法

行政诉讼是指公民、法人或者其他组织认为行政机关和行政机关工作人员的行政行为侵犯其合法权益，依法向人民法院提起的诉讼。为保证人民法院公正、及时审理行政案件，解决行政争议，保护公民、法人和其他组织的合法权益，监督行政机关依法行使行政职权，我国于1989年制定、2014年修订了行政诉讼法，对行政诉讼的受案范围、管辖、诉讼参加人、证据、起诉和受理、审理和判决、审判监督程序、执行及涉外行政诉讼等作了相应规定，具体确立了行政行为合法与违法的标准，对协调行政机关与公民的关系，保护公民合法权益，督促行政机关依法行政，维护社会稳定发挥了重要作用。这部法律具体规定的内容主要包括：

（一）受案范围

行政诉讼受案范围包括，对行政拘留、暂扣或者吊销许可证和执照、责令停产停业、没收违法所得、没收非法财物、罚款、警告等行政处罚不服的；对限制人身自由或者对财产的查封、扣押、冻结等行政强制措施和行政强制执行不服的；申请行政许可，行政机关拒绝或者在法定期限内不予答复，或者对行政机关作出的有关行政许可的其他决定不服的；对行政机关作出的关于确认土地、矿藏、水流、森林、山岭、草原、荒地、滩涂、海域等自然资源的所有权或者使用权的决定不服的；对征收、征用决定及其补偿决定不服的；申请行政机关履行保护人身权、财产权等合法权益的法定职责，行政机关拒绝履行或者不予答复的；认为行政机关侵犯其经营自主权或者农村土地承包经营权、农村土地经营权的；认为行政机关滥用行政权力排除或者限制竞争的；认为行政机关违法集资、摊派费用或者违法要求履行其他义务的；认为行政机关没有依法支付抚恤金、最低生活保障待遇或者社会保险待遇的；认为行政机关不依法履行、未按照约定履行或者违法变更、解除政府特许经营协议、土地房屋征收补偿协议等协议的；认为行政机关侵犯其他人身权、财产权等合法权益的。

（二）管辖

基层人民法院管辖第一审行政案件。中级人民法院管辖的一审行政案件包括：对国务院部门或者县级以上地方人民政府所作的行政行为提起诉讼的案件；海关处理的案件；本辖区内重大、复杂的案件；其他法律规定由中级人民法院管辖的案件。高级人民法院管辖本辖区内重大、复杂的一审行政案件。最高人民法院管辖全国范围内重大、复杂的一审行政案件。经最高人民法院批准，高级人民法院可以根据审判工作的实际情况，确定若干人民法院跨行政区域管辖行政案件。

（三）诉讼参加人

行政行为的相对人以及其他与行政行为有利害关系的公民、法人或者其他组织，有权提起诉讼。公民、法人或者其他组织直接向人民法院提起诉讼的，作出行政行为的行政机关是被告。经复议的案件，复议机关决定维持原行政行为的，作出原行政行为的行政机关和复议机关是共同被告；复议机关改变原行政行为的，复议机关是被告。复议机关在法定期限内未作出复议决定，公民、法人或者其他组织起诉原行政行为的，作出原行政行为的行政机关是被告；起诉复议机关不作为的，复议机关是被告。两个以上行政机关作出同一行政行为的，共同作出行政行为的行政机关是共同被告。行政机关委托的组织所作的行政行为，委托的行政机关是被告。行政机关被撤销或者职权变更的，继续行使其职权的行政机关是被告。

（四）证据

经法庭审查属实，可作为认定案件事实的行政诉讼证据包括：书证；物证；视听资料；电子数据；证人证言；当事人的陈述；鉴定意见；勘验笔录、现场笔录。被告对作出的行政行为负有举证责任，应当提供作出该行政行为的证据和所依据的规范性文件。原告可以提供证明行政行为违法的证据。原告提供的证据不成立的，不免除被告的举证责任。对由国家机关保存而须由人民法院调取的证据；涉及国家秘密、商业秘密和个人隐私的证据；确因客观原因不能自行收集的其他证据，原告或者第三人不能自行收集的，可以申请人民法院调取。

（五）起诉和受理

公民、法人或者其他组织不服复议决定的，可以在收到复议决定书之日起十五日内向人民法院提起诉讼。复议机关逾期不作决定的，申请人可以在复议期满之日起十五日内向人民法院提起诉讼，法律另有规定的除外。公民、法人或者其他组织直接向人民法院提起诉讼的，应当自知道或者应当知道作出行政行为之日起六个月内提出。法律另有规定的除外。因不动产提起诉讼的案件自行政行为作出之日起超过二十年，其他案件自行政行为作出之日起超过五年提起诉讼的，人民法院不予受理。公民、法人或者其他组织申请行政机关履行保护其人身权、财产权等合法权益的法定职责，行政机关在接到申请之日起两个月内不履行的，公民、法人或者其他组织可以向人民法院提起诉讼。对人民法院既不立案，又不作出不予立案裁定的，当事人可以向上一级人民法院起诉。上一级人民法院认为符合起诉条件的，应当立案、审理，也可以指定其他下级人民法院立案、审理。

（六）审理和判决

1.一审普通程序

人民法院应当在立案之日起五日内，将起诉状副本发送被告。被告应当在收到起诉状副本之日起十五日内向人民法院提交作出行政行为的证据和所依据的规范性文件，并提出答辩状。人民法院应当在立案之日起六个月内作出第一审判决。有特殊情况需要延长的，由高级人民法院批准，高级人民法院审理第一审案件需要延长的，由最高人民法院批准。

2.简易程序

对被诉行政行为是依法当场作出的；案件涉及款额二千元以下的；属于政府信息公开案件的，或当事人各方同意适用简易程序的，人民法院审理时可以适用简易程序。适用简易程序审理的行政案件，由审判员一人独任审理，并应当在立案之日起四十五日内审结。

3.二审程序

当事人不服人民法院一审判决的，有权在判决书送达之日起十五日内向上一级人民法院提起上诉。当事人不服人民法院一审裁定的，有权在裁定书送达之日起十日内向上一级人民法院提起上诉。逾期不提起上诉的，人民法院的一审判决或者裁定发生法律效力。人民法院审理上诉案件，应当在收到上诉状之日起三个月内作出终审判决。有特殊情况需要延长的，由高级人民法院批准，高级人民法院审理上诉案件需要延长的，由最高人民法院批准。原审人民法院对发回重审的案件作出判决后，当事人提起上诉的，二审人民法院不得再次发回重审。

（七）审判监督程序

当事人对已经发生法律效力的判决、裁定，认为确有错误的，可以向上一级人民法院申请再审，但判决、裁定不停止执行。对属于不予立案或者驳回起诉确有错误的；有新的证据，足以推翻原判决、裁定的；原判决、裁定认定事实的主要证据不足、未经质证或者系伪造的；原判决、裁定适用法律、法规确有错误的；违反法律规定的诉讼程序，可能影响公正审判的；原判决、裁定遗漏诉讼请求的；据以作出原判决、裁定的法律文书被撤销或者变更的；审判人员在审理该案件时有贪污受贿、徇私舞弊、枉法裁判行为的案件，当事人提出申请的，人民法院应当再审。

（八）执行

当事人必须履行人民法院发生法律效力的判决、裁定、调解书。公民、法人或者其他组织拒绝履行判决、裁定、调解书的，行政机关或者第三人可以向一审人民法院申请强制执行，或者由行政机关依法强制执行。行政机关拒绝履行判决、裁定、调解书的，一审人民法院可以对应当归还的罚款或者应当给付的款额，通知银行从该行政机关的账户内划拨；在规定期限内不履行的，从期满之日起，对该行政机关负责人按日处五十元至一百元的罚款；将行政机关拒绝履行的情况予以公告；向监察机关或者该行政机关的上一级行政机关提出司法建议。对拒不履行判决、裁定、调解书，社会影响恶劣的，可以对该行政机关直接负责的主管人员和其他直接责任人员予以拘留；情节严重，构成犯罪的，依法追究刑事责任。行政机关或者行政机关工作人员作出的行政行为侵犯公民、法人或者其他组织的合法权益造成损害的，由该行政机关或者该行政机关工作人员所在的行政机关负责赔偿。行政机关赔偿损失后，应当责令有故意或者重大过失的行政机关工作人员承担部分或者全部赔偿费用。

三、国家赔偿法

国家赔偿以监督行政机关的行政行为是否合法为主要任务。以违法为赔偿前提的归责原则，事实行为造成损害的赔偿责任等赔偿制度的建立，进一步强化了对行政机关依法行政的监督力度。我国于1994年制定，2010年、2012年修订的国家赔偿法，明确了行政赔偿的范围、赔偿请求人和赔偿义务机关、赔偿的程序及赔偿方式和计算标准，为保障公民、法人和其他组织享有依法取得国家赔偿的权利，促进国家机关依法行使职权，提供了基本的法律依据。这部法律就行政赔偿所具体规定的内容主要包括：

（一）行政赔偿的范围

行政机关及其工作人员在行使行政职权时，如存在违法拘留或者违法采取限制公民人身自由的行政强制措施的；非法拘禁或者以其他方法非法剥夺公民人身自由的；以殴打、虐待等行为或者唆使、放纵他人以殴打、虐待等行为造成公民身体伤害或者死亡的；违法使用武器、警械造成公民身体伤害或者死亡的；造成公民身体伤害或者死亡的其他违法行为的，受害人有取得赔偿的权利。行政机关及其工作人员在行使行政职权时，如存在违法实施罚款、吊销许可证和执照、责令停产停业、没收财物等行政处罚的；违法对财产采取查封、扣押、冻结等行政强制措施的；违法征收、征用财产的；造成财产损害的其他违法行为的，受害人有取得赔偿的权利。如属于行政机关工作人员与行使职权无关的个人行为；因公民、法人和其他组织自己的行为致使损害发生的；法律规定的其他情形的，国家不承担赔偿责任。

（二）赔偿请求人和赔偿义务机关

受害的公民、法人和其他组织有权要求赔偿；受害的公民死亡，其继承人和其他有扶养关系的亲属有权要求赔偿；受害的法人或者其他组织终止的，其权利承受人有权要求赔偿。行政机关及其工作人员行使行政职权侵犯公民、法人和其他组织的合法权益造成损害的，该行政机关为赔偿义务机关；两个以上行政机关共同行使行政职权时侵犯公民、法人和其他组织的合法权益造成损害的，共同行使行政职权的行政机关为共同赔偿义务机关；法律、法规授权的组织在行使授予的行政权力时侵犯公民、法人和其他组织的合法权益造成损害的，被授权的组织为赔偿义务机关；受行政机关委托的组织或者个人在行使受委托的行政权力时侵犯公民、法人和其他组织的合法权益造成损害的，委托的行政机关为赔偿义务机关。赔偿义务机关被撤销的，继续行使其职权的行政机关为赔偿义务机关。没有继续行使其职权的行政机关的，撤销该赔偿义务机关的行政机关为赔偿义务机关。

（三）赔偿程序

赔偿请求人要求赔偿，应当先向赔偿义务机关提出，也可以在申请行政复议或者提起行政诉讼时一并提出；赔偿请求人可以向共同赔偿义务机关中的任何一个赔偿义务机关要求赔偿，该赔偿义务机关应当先予赔偿；赔偿请求人根据受到的不同损害，可以同时提出数项赔偿要求。赔偿义务机关应当自收到申请之日起两个月内，作出是否赔偿的决定。赔偿义务机关决定赔偿的，应当制作赔偿决定书，并自作出决定之日起十日内送达赔偿请求人。赔偿义务机关决定不予赔偿的，应当自作出决定之日起十日内书面通知赔偿请求人，并说明不予赔偿的理由。对赔偿作出赔偿或者不予赔偿决定有异议的，赔偿请求人可在三个月内向人民法院提起诉讼。

（四）赔偿方式和计算标准

国家赔偿以支付赔偿金为主要方式。能够返还财产或者恢复原状的，予以返还财产或者恢复原状。侵犯公民人身自由的，每日赔偿金按照国家上年度职工日平均工资计算。

以案释法 07

行政不作为被判败诉

2014年10月16日，李某向河南省某市国土资源局（以下简称市国土局）书面提出申请，请求该局依法查处其所在村的耕地被有关工程项目违法强行占用的行为，并向该局寄送了申请书。市国土局收到申请后，没有受理、立案、处理，也未告知李某，李某遂以市国土局不履行法定职责为由诉至法院，请求确认被告不履行法定职责的行政行为违法，并要求被告对该村土地被强占的违法行为进行查处。

该市某区人民法院一审认为，土地管理部门对上级交办、其他部门移送和群众举报的土地违法案件，应当受理。土地管理部门受理土地违法案件后，应当进行审查，凡符合立案条件的，应当及时立案查处；不符合立案条件的，应当告知交办、移送案件的单位或者举报人。本案原告向被告市国土局提出查处违法占地申请后，被告应当受理，被告既没有受理，也没有告知原告是否立案，故原告要求确认被告不履行法定职责违法，并限期履行法定职责的请求，有事实根据和法律依据，本院予以支持。遂判决：一、确认被告对原告要求查处违法占地申请未予受理的行为违法。二、限被告于本判决生效之日起按国土资源行政处罚办法的规定履行法定职责。

市国土局不服，提出上诉。该市中级人民法院二审认为，根据国土资源行政处罚办法规定，县级以上国土资源主管部门"应当依法立案查处，无正当理由未依法立案查处的"，应当承担相应责任。上诉人市国土局未及时将审查结果告知申请人，上诉人的行为未完全履行工作职责，违反了国土资源行政处罚办法第四十五条的相关规定。二审判决驳回上诉，维持原判。

 释解

及时处理群众举报、切实履行查处违法占地相关法定职责，回应群众关切、保障土地资源的合法利用是有关土地管理部门的应尽职责。土地资源稀缺、人多地少的现状决定了我国必须实行最严格的土地管理制度，但长期以来土地资源浪费严重，违法违规用地现象普遍，这其中既有土地管理保护不力的原因，也有人民群众难以有效参与保护的因素。公众参与是及时发现和纠正土地违法行为的重要渠道，也是确保落实最严格的土地管理制度的有效手段。依法受理并及时查处人民群众对违法用地行为的举报，是土地管理部门的权力更是义务。对于在处理土地违法案件中，发现违法案件不属于本部门管辖的，也应及时做好相应的案件移送工作。国土资源行政处罚办法第十条明确规定："国土资源主管部门发现违法案件不属于本部门管辖的，应当移送有管辖权的国土资源主管部门或者其他部门。"

第四章
我国质量检验检疫法律制度

随着我国经济发展水平和全社会质量意识的提升，质量检验检疫触及生产生活的各个领域。尤其在我国加入WTO后，国际化的标准及多元化的经济构架对我国的质量检验检疫提出了新的挑战。经过改革开放三十多年的探索、积累，我国质量检验检疫法律制度已经基本健全完善。质检法治建设为推动我国产品质量总体水平不断提升，维护中国制造声誉，服务对外贸易大局作出了巨大贡献。

第一节　质量检验检疫法律制度的历史沿革

新中国成立之初，我国的经济实力基础薄弱，社会发展百废待兴。我国质量检验检疫法律制度建设也从无到有，经历了不断发展完善的过程。

一、质检法制建设起步

新中国成立后，政府根据工业化建设的需要，建立相应的质检管理体系，国家对质量的管理侧重于对工业产品特别是重工业产品的管理。这一时期质检机构的设立，主要是依据产品部门的生产需要。1949年10月成立中央技术管理局，内设标准化规格处，负责管理工业生产所必需的计量和标准。同年11月，中央人民政府贸易部国外贸易司商检处成立，在天津、上海、广州、青岛、汉口、重庆等主要口岸恢复设立商品检验局，开展针对进出口货物的检验工作。与进出口相关的动植物和卫生检疫专门机构，也相继设立。另一方面，由于生产发展和技术的进步，质检职能逐步完善，防范由此产生的质量安全新风险。1952年8月，政府以中国科学院名义向苏联等国定购了第一批计量基准器、标准器，以之作为国家的计量基准、标准。

在中央技术管理局度量衡处的努力工作之下，出台了《中华人民共和国度量衡管理暂行条例（草案）》，以政府条例形式规定了我国度量衡基本制度，保证了度量衡制度得以快速恢复和统一。我国的计量工作也开始由度量衡管理向一般计量转化，为建立完善的质量检验检疫法律法规体系打下了良好的基础。从1953年开始，在主管部门牵头下，国有和集体企业内部开始学习苏联质检模式，强调用行政干预来保障产品质量。随后，各主管部门在行业内都相继制定自己的生产标准，对所辖企业的产品质量进行管理和抽查。这套依靠政府行政干预直接参与企业质量管理的质检体制，直到改革开放都没有发生根本性的改变，即政企高度合一、寓企业质量管理于政府的质检行政管理之中。

1955年，国营天津第一棉纺厂发生锅炉爆炸事故后，当年7月我国专门针对锅炉的安全问题设立劳动部锅炉安全检查总局，随后各地政府也相继在劳动部门成立锅炉压力容器检查机构，建立了安全监察制度，对锅炉、压力容器等设备进行登记，开展定期检验等监督管理工作。1957年，国家技术委员会内增设标准局，开始对全国的标准化工作实行统一领导。

1961年的《国营工业企业工作条例（草案）》（即"工业七十条"）根据当时的实际情况，提出了整顿国营工业企业、改进和加强企业管理工作的一些指导原则。第二年，《工农业产品和工程建设技术标准管理办法》的颁布将中国的标准化管理提升到了一个崭新的高度。作为国务院发布的中国第一个标准化管理法规，无疑具有里程碑意义。

20世纪50～60年代是新中国计量事业发展的第一个高峰，计量管理机构和计量科学研究机构相继建立，与国际接轨的国家基准陆续建成，形成了计量的科学体系。1977年，中国加入《米制公约》，成为当时米制公约组织的44个成员国之一，同年还参加了国际计量委员会（CIPM）和国际计量大会（CGPM）。从此，我国在计量科学方面进一步实现了与国际的接轨。在计量的法制化建设方面，同样是在1977年，国务院颁发了《中华人民共和国计量管理条例（试行）》。这一文件的颁布，使得中国的计量管理实现了有法可依，这是法制管理上的又一进步，意味着我国计量单位与国际单位制的接轨有了法律意义上的保障。

二、质检法制建设飞跃发展

十一届三中全会以来，中国开始实行对内改革、对外开放的政策。同年，国务院成立国家计量总局和国家标准总局，标志着中国计量和标准工作逐步进入正常轨道。1980年3月，国家经贸委颁发了《工业企业全面质量管理暂行办法》，在工业企业贯彻落实"质量第一"的方针，推行全面质量管理。

随着改革开放进程的逐步加快，我国质检工作逐步融入到国际社会，大量引进国外先进技术。随着国民经济建设的快速推进，无论是工业产品的生产还是日常生活用品的生产，其繁复程度和对质量的要求都与计划经济时期不可同日而语，要求更加注重提升质检管理技术能力。提升质检管理技术能力，一个重要表现是引进、吸收国际上成熟的质检管理方式，建立起与国际接轨的出入境检验检疫制度。

经过多年的实践探索，我国初步建立起中国质检工作体系。目前，已经形成以计量法、标准化法、产品质量法、进出口商品检验法、进出境动植物检疫法、国境卫生检疫法、食品安全法、节约能源法、特种设备安全法等多部法律为核心、诸多行政法规为主干、众多部门规章、地方性法规规章的为基础的质检法律法规体系，分别从出入境检验检疫、职权分工、执行监督等方面作出了明确，在一定程度上确定了质量检验检疫的法律地位，形成以国家级技术机构为龙头、省级技术机构和区域性中心实验室为骨干、县级技术机构和常规实验室为基础的检验检测体系。同时，建成覆盖全部学科领域的100多项国家计量基准，国家、行业和地方标准总数达到10万余项，全国各类有效认证证书突破110万张，形成了较为完善的计量标准和认证认可支撑体系，较好地满足了产业、国防、科技、贸易和社会事业发展对质检的需求。

第一，在技术标准方面。逐步形成以国家标准为主体，行业标准、地方标准、企业标准相互协调的体系。其中，全国标准化技术委员会（TC）、分技术委员会（SC）等也纷纷建立。上万名专家学者和科技人员加入到 TC、SC 中，一系列的标准也随之出笼。

第二，在合格评定方面。我国已建立的合格评定体系由校准检测实验室、管理机构、相应标准和合格评定程序组成，具体包括产品质量认证、实验室认可、质量体系认证、人员注册、环境管理体系认证、进出口商品检验、进出口企业认证、产品质量监督检验和进出口商品检验检疫体系。

第三，在与国际化接轨方面，我国于2001年加入 WTO，并成立了 WTO/TBT 国家通报咨询中心。除此之外，我国还开通了相应的网络平台，对相关的文件进行翻译整理，开始了与贸易技术壁垒委员会和其他相关部门的正常业务联系，使得我国的国际化发展又向前迈进了一大步。

经过多年的跨越性发展，我国质检治建设迈入全面发展的新纪元，逐步形成了有质检特色的、以行政执法、技术、检验为执法支撑的质检法律体系。

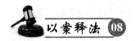 以案释法 08

姜某诉质监局违法扣押财物行政强制案

2005年6月25日，某市质监局接到举报，姜某违法装运液化气。质监局即组织执法人员，对姜某运送石油液化气罐车进行检查。经查，运送石油液化气的汽车罐车驾驶员丁某无汽车准驾证，押运员姜某无汽车罐车押运员证。质监局遂于同日作出行政处罚决定。以姜某及A燃气公司（姜某系A燃气公司的法人）"购进液化石油气使用的罐车驾驶员、押运员均无质监部门核发的准驾证和押运证，涉嫌存在安全问题"为由，对装运液化气的罐车进行异地登记（封存），期限为1个月。该登记（封存）决定书同时声明，如不服决定，可在收到决定书之日起60日内申请复议，也可以3个月内向人民法院提起行政诉讼。2005年7月31日，质监局将登记（封存）的液化气罐车放行。2005年9月29日，市质监局以"无准驾证及押运员证驾驶液化气槽车"同一理由，暂扣原告姜某人民币5000元，并出具了《暂扣款（物）专用收据》。2006年3月10日，姜某以市质监局登记（封存）液化气罐车系违法扣押原告合法财产、暂扣人民币5000元无法律依据等理由诉至法院，要求确认被告暂扣的行为违法，同时要求返还被扣的5000元。

被告辩称，原告运送石油液化气的汽车罐车驾驶员无汽车准驾证，作为押运员的原告无汽车罐车押运员证，其行为违反了《液化气体汽车罐车安全监察规程》的有关规定，被告对汽车罐车采取登记（封存）的行为是合法的；被告对汽车罐车采取登记（封存）措施依法向原告送达了登记封存决定书，该决定书作出和送达的时间均为2005年6月25日，并明确告知起诉期限为3个月，原告不服登记封存决定应在2005年9月25日前向法院起诉，其在2006年3月10日起诉已超过诉讼时效；被告在对原告的违法行为查处过程中，原告缴纳了5000元作为处理本案的暂扣款，且系其自愿行为，不属于独立的行政行为，更不是一个独立的行政强制行为，依法不能独立提起诉讼；被告登记（封存）行为是合法的，法院应驳回原告的起诉。

 释解

本案的争议焦点在于原告的诉讼是否超过法定的起诉期限、被告扣押财产的行政强制措施是否合法，是否侵犯原告的合法权利。

人民法院经审理认为，本案被告于2005年6月25日作出的登记（封存）决定的起诉期限为3个月，原告于2006年3月10日向法院起诉已超过期限，但被告于2005年9月29日暂扣原告5000元人民币的强制措施，原告于2006年3月10日起诉，没有超过两年的起诉期限。被告在没有作出处理决定的情况下，向原告收取5000元人民币暂扣款，其行为不符合采取行政强制措施的条件，属于无权限的越权行为，据此，被告向原告收取5000元暂扣款的行为，依法应确认违法。在一审法院作出宣判前，经法院协调，被告将暂扣款返还给原告，原告自愿向法院申请撤回起诉。人民法院在向原被告送达准予撤诉裁定书的同时，及时向被告某质监局发出司法建议。法院的司法建议认为：行政机关作出的行政行为应当有法律依据。

第二节　质量检验检疫法律制度的现状

改革开放后，我国的质量检验检疫事业，在组织结构、法律法规到技术标准以及监管评定等多方面已经逐步建立起相应的体系，为促进社会经济发展起到不可磨灭的作用。

一、质检法律制度的现状

改革开放至今，为适应建立社会主义市场经济体制和扩大对外开放的需要，全面强化政府质量管理的职能，国家分别在国内产品质量管理和出入境检验检疫管理两大领域，基本形成了立法、监管、检验、计量、标准和认证等多种技术手段相互配合的管理体制，为中国质检体制的形成打下基础。

2001年4月，在我国即将加入WTO的大背景下，国务院将原国家质量技术监督局与国家出入境检验检疫局合并，组建国家质量监督检验检疫总局，同时整合认证认可管理和标准化管理职能，相应成立国家认证认可监督管理委员会和国家标准化管理委员会，由质检总局统一进行管理。入世后，我国先后对与质检有关的法律、行政法规、部门规章、规范性文件和标准进行了全面清理，并在此基础上，按照WTO规则逐步完善了我国的质检法律法规和标准体系，为提高我国产品质量安全水平、提高我国产品在国际国内市场的竞争力发挥了重要作用。这兑现了中国政府入世谈判的重要承诺，也标志着我国建立了统一的质检体制，解决了国内产品和进出口商品质量监管的标准不一、重复认证、职能交叉等问题，是我国完善社会主义市场经济体制、提升质量总体水平、加强质量安全监管的正确选择。

2002年4月24日，九届全国人大常委会二十七次会议审议通过进出口商品检验法修正案（草案）。10月1日，修订后的进出口商品检验法正式实施。新法修改内容多达32项，修改条文占条文数三分之二以上，根据技术性贸易壁垒协定（TBT）五项规则对接了立法宗旨，调整了法定检验的目的、内容和依据，进一步开放了进出口商品检验鉴定市场，加强了商业秘密的保护，统一了认证制度，实现了与国际通行规则的一致。随后，我国紧锣密鼓地跟进后续工作，2005年9月14日，国务院颁布进出口商品检验法实施条例。修订后的进出口商品检验法及其实施条例作为出入境检验检疫部门的基本法律法规，使我国在检验检疫方面更加符合WTO对成员国的要求，更好地履行入世义务，使质检工作更好地满足服务国家外贸发展形势的需要，也使质检系统依法行政迈上了一个新台阶。

继进出口商品检验法及其实施条例之后，我国先后完成了《棉花质量监督管理条例》《特种设备安全监察条例》《中华人民共和国认证认可条例》《中华人民共和国工业产品生产许可证管理条例》等多部法律法规的制修订工作。2003年11月1日，认证认可条例实施之后，我国对重要的进口产品质量安全许可制度和国内产品安全认证制度实行了"四个统一"，即统一产品目录，统一技术规范的强制性要求、标准和合格评定程序，统一标志，统一收费标准，使我国的认证认可工作更加规范。

国际标准作为向国际社会传播先进实用的生产方式，以及消除国际贸易技术壁垒的重要手段，被世界各国所普遍重视。入世以来，我国积极推进采用国际标准，标准化工作取得长足发展，与 WTO 规则基本一致的标准体系逐步建立。

二、我国质检机构改革

（一）机构设置演变

1980年，国务院将外贸部商品检验总局改为进出口商品检验总局，并将各地商检局的建制收归中央（1982年更名为国家进出口商品检验局，1994年升格为副部级）；1982年成立农业部动植物检疫总所（1994年更名为动植物检疫局）；1988年成立卫生部卫生检疫总所（1995年更名为卫生检疫局）。随着改革开放的持续深入，进出口商品结构、贸易方式都发生了变化，国际市场对商品质量的要求越来越严格，出入境人员、货物和运输工具的数量与日俱增，检验检疫的任务十分繁重。为了适应改革开放新形势，更好地适应对外开放和外向型经济发展的需要，国务院在1998年机构改革中将同在口岸工作、同样依靠技术执法的进出口商品检验、进出境动植物检疫、国境卫生检疫，实施"三检合一"，合并为国家出入境检验检疫局（副部级），使得口岸检验检疫各执法部门的职责统一、职能整合，执法便利、简洁、高效。同时，开始从国际上引入认证认可制度。认证认可作为国际通行的质量管理手段，是质量发展的基础性工作，在保障质量安全、促进贸易便利、推动产业升级、服务政府监管等方面发挥着重要作用。

1988年4月，七届全国人大一次会议决定，把国家标准局、计量局、国家经委质量局合并组成国家技术监督局，直属国务院，赋予其行政执法职能，初步形成了标准化、计量、质量三位一体的质量行政管理体制。同年，又将纤维检验局划为国家技术监督局直属单位。1998年国务院第四次机构改革，在原国家技术监督局的基础上成立国家质量技术监督局，原各工业部门的质量管理、质量监督、生产许可等职能统一由质量技术监督部门管理，将劳动部所属锅炉压力容器安全监察局整建制并入国家质量技术监督局，进一步加强了综合管理和行政执法职能。随后，在地方政府机构改革中，各地质量技术监督局成立，开始实行省级以下垂直管理，较好地解决了我国长期存在的质量管理职能交叉问题，质量管理体制逐步理顺。

（二）机构设置

质检总局垂直管理出入境检验检疫机构，领导全国质量技术监督业务工作。

质检总局机关内设17个司（厅、局），即办公厅、法规司、质量管理司、计量司、通关业务司、卫生检疫监管司、动植物检疫监管司、检验监管司、进出口食品安全局、特种设备安全监察局、产品质量监督司、执法督查司（国家质检总局打假办公室）、国际合作司（港澳台办公室）、科技司、人事司、计划财务司、督察内审司。

质检总局直属单位17个，即质检总局机关服务中心、质检总局信息中心、质检总局国际检验检疫标准与技术法规研究中心、质检总局干部教育中心、质检总局发展研究中心、中国纤维检验局、中国计量科学研究院（国家时间计量频率中心、国家标准物质研究中心）、中国检验检疫科学研究院（国家食品安全危害分析与关键控制点应用研究中心）、中国特种设备检测研究院、中国标准化研究院、中国信息安全认证中心、中国合格评定国家认可中心、中国物品编码中心、全国组织机构代码管理中心、中国质量认证中心、中国质检报刊社、中国质检出版社。

经国家民政部批准设立，挂靠质检总局管理的行业学会、协会共14个，即中国出入境检验检疫协会、中国国际旅行卫生保健协会、中国认证认可协会、中国质量检验协会、中国计量协会、中国防伪行业协会、中国质量万里行促进会、中国设备监理协会、中国特种设备安全与节能促进会、中国品牌建设促进会、中国检验检验学会、中国消费品质量安全促进会、中国标准化协会、中国计量测试学会。

（三）机构职能

质检总局垂直管理出入境检验检疫机构，对省（自治区、直辖市）质量技术监督机构实行业务领导，是国务院主管全国质量、计量、出入境商品检验、出入境卫生检疫、出入境动植物检疫和认证认可、标准化等工作，并行使行政执法职能的直属机构。其具体职责体现在以下几个方面：

1. 法律法规方面

质检总局根据客观事实及相关工作经验等组织起草有关质量监督检验检疫方面的法律、法规草案，拟定质量监督检验检疫工作的方针政策，制定和发布有关规章、制度；组织实施与质量监督检验检疫相关法律、法规，指导、监督质量监督检验检疫的行政执法工作；负责全国与质量监督检验检疫有关的技术法规工作；拟定出入境检验检疫综合业务规章制度。制定并组织实施质量监督检验检疫的科技发展、实验室建设规划，组织重大科研和技术引进；负责质量监督检验检疫的统计、信息、宣传、教育、培训及相关专业职业资格管理工作；负责质量监督检验检疫的情报信息的收集、分析、整理，提供信息指导和咨询服务。

2. 在实践管理方面

质检总局宏观管理、指导全国质量工作，研究拟定提高国家质量水平的发展战略，组织推广先进的质量管理经验、方法；会同有关部门建立重大工程设备及其他质量监理制度；负责组织重大产品质量事故调查；依法负责产品防伪的监督管理工作；统一管理计量工作，推行法定计量单位和国家计量制度，组织建立、审批和管理国家计量基准和标准物质，制定计量器具的国家检定系统表、检定规程和计量技术规范，组织量值传递；负责规范和监督商品量的计量行为；负责口岸出入境检验检疫业务管理；负责商品普惠制原产地证和一般原产地证的签证管理。

3. 在国际交流与合作方面

管理与协调质量监督检验检疫方面的国际合作与交流；代表国家参加与质量监督检验检疫有关的国际组织或区域性组织，签署并负责执行有关国际合作协定、协议和议定书，审批与实施有关国际合作与交流项目。按规定承担技术性贸易壁垒协议和卫生与植物检疫协议的实施工作，管理上述协议的通报和咨询工作。

4. 监督管理方面

质检总局组织实施出入境卫生检疫、传染病监测和卫生监督工作；管理国外疫情的收集、分析、整理，提供信息指导和咨询服务；组织实施出入境动植物检疫和监督管理；管理国内外重大动植物疫情的收集、分析、整理，提供信息指导和咨询服务；依法负责出入境转基因生物及其产品的检验检疫工作；组织实施进出口食品和化妆品的安全、卫生、质量监督检验和监督管理；管理进出口食品和化妆品生产、加工单位的卫生注册登记，管理出口企业对外卫生注册工作；组织实施进出口商品法定检验和监督管理，监督管理进出口商品鉴定和外商投资财产价值鉴定；管理国家实行进口许可制度的民用商品入境验证工作，审查批准法定检验商品免验和组织办理复验；组织进出口商品检验检疫的前期监督和后续管理；管理出入境检验检疫标志（标识）、进口安全质量许可、出口质量许可，并负责监督管理；依法监督管理质量检验机构；依法审批并监督管理涉外检验、鉴定机构（含中外合资、合作的检验、鉴定机构）；综合管理锅炉、压力容器、电梯等特种设备的安全监察、监督工作，制定有关规章制度并组织实施；对锅炉、压力容器实施进出口监督检查；管理产品质量监督工作；管理和指导质量监督检查；负责对国内生产企业实施产品质量监控和强制检验；组织实施国家产品免检制度，管理产品质量仲裁的检验、鉴定；管理纤维质量监督检验工作；管理工业产品生产许可证工作；组织依法查处违反标准化、计量、质量法律、法规的违法行为，打击假冒伪劣违法活动等。

质检总局提出为维护经济安全和人民健康严把国门的要求。指出要进一步改革出入境检验检疫工作制度和工作模式，把出入境检验检疫的重点逐步转移到涉及安全、卫生、健康、环保、反欺诈和关系国计民生等重要方面。调整实施法定检验检疫的商品范围，切实加强对上述项目进出口商品的强制性检验检疫，依法按标准严格检验把关。

要加强出入境检验检疫的前期监督管理和后续管理，集中力量加强重点产品和重点项目的监管。对产品质量长期稳定的企业或品种要逐步推广和实行免检制度。要进一步强化进出口商品安全质量许可制度、进出口食品及动植物产品卫生注册制度，实施民用产品入境验证工作，加强标签标识和验证管理。要建立积极主动、科学有效的预警机制，加强对进出口转基因产品的管理，进一步加强对进口废物原料的检验管理。

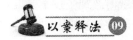

被服厂棉被质量监督检查案

2009年12月3日，甲市纤维检验所执法人员李某、张某，依法对赵某的被服厂进行监督检查。经查，在该被服厂的成品库中，发现有17包棉大衣，每包10件，执法人员检查其填充物发现疑似再加工纤维。其标识标注有产品名称、厂名、厂址。在其生产车间该厂正在生产棉大衣，无成品。执法人员对现场的170件棉大衣予以封存并抽样，甲市纤检所于当日立案。后经该市纤维检验所检验，报告显示该产品填充物使用原料为再加工纤维。经调查，执法人员发现该厂一直生产絮用纤维制品，其原材料的购进和产品的销售也有相应的台账，同时，对出厂的絮棉制品也有相应的检验报告。赵某承认该批棉大衣是本厂按照客户要求加工生产的，该批产品的原辅料为订货的客户方提供，该厂共生产了170件，单价为40元／件，全部货值6800元。至今尚无售出，无违法所得。

甲纤检所认为，该批棉大衣填充物为再加工纤维，是国家明令禁止使用的絮用制品原料，且会对人体健康会造成危害，不可以流入市场。赵某的行为违反了产品质量法第十三条关于"可能危及人体健康和人身、财产安全的工业产品，必须符合保障人体健康和人身、财产安全的国家标准、行业标准；未制定国家标准、行业标准的，必须符合保障人体健康和人身、财产安全的要求。禁止生产、销售不符合保障人体健康和人身、财产安全的标准和要求的工业产品"的规定，根据产品质量法第四十九条对赵某作出以下处罚决定：责令停止生产危害人体健康的棉大衣产品；没收违法生产的棉大衣170件；处以货值等值罚款6800元。

第三节　质量检验检疫法律制度的发展与完善

现阶段，无论是发达国家还是发展中国家，对产品或服务的质量问题都给予了高度重视，质量管理已成为世界各国经济发展的强大助力。质量管理的发展大大地提高了企业的经济效益和效率。其中，质量的检验环节与其他各环节的有机结合更为此提供了保障。

我国目前质量检验检疫，存在机构按行政区域进行划分、检验检疫力量分布不均匀的问题，难以集中科技力量在信息资源、实验室资源、合格评定程序、人才优势等方面应对技术性贸易壁垒并充分发挥作用。在制定技术法规时忽视了技术标准的支撑，导致二者难以相互协调，弱化了技术法规的强制作用。检验检疫程序层面，目前我国的认证认可体制尚不健全。

一、制定完备的质检法律、法规及相应的标准，加强执法力度

制定完备的质量检验检疫法律、法规及相应的标准，加强执法力度，是我国现阶段质检法治建设要解决的首要问题。检验检疫部门应在依法行政的基础上，以事实为根据，以法律为准绳，做到依法施检，不得滥用权力。在加速建立与国际有关规则相适应的法律法规体系的同时，遵守规则，完善国内相关法律法规。符合国际惯例或有关国际公约的要求，使我们的执法依据、执法手段、执法程序及执法评价标准与国际接轨。

二、充分发挥行政主体的基本职能

通过明确组织机构职责、细化分工、相互协作来发挥组织机构的最大作用，从而保障、弥补其他方面的缺失；优化协调机制，推进绿色商检，减少能耗，提高效益；提高从业人员的专业素养，积极参与国际间组织合作，提升检验检疫技术标准，做好质量检验检疫的每一个环节，综合运用各种管理技术和方法，形成多样化、全面的质量管理体系；减少双重标准，在检验检疫部门制定技术标准时，要坚持国民待遇和最惠国待遇原则，主动加快技术标准制定和修改，向国际标准靠拢。

三、充分发挥行业协会和检验检疫民间机构的作用

通过了解市场状况和企业反映的情况，向政府提出技术性贸易措施或壁垒的意见、建议，最大限度地体现本行业的利益。加强行业自律，形成良好的运行模式。相关机构应该依法加强对企业的监督、指导、管理，摒弃"包办到底"，优化运行机制，推进依法把关。重视登记注册监管，降低产品风险，注意总结经验，强化风险预警与应急处理机制。

四、全国深入推进法治质检建设

全国质检系统将深入推进法治质检建设，讲大局、抓重点、促创新，进一步完善中国特色质检法规制度体系，全面提高全系统运用法治思维和法治方式履职尽责的能力和水平，进一步树立刚正廉明的依法行政形象。重点抓好五个方面工作：（1）狠抓科学立法，完善质检法规体系；（2）狠抓遵法守法，大力开展普法活动；（3）狠抓法制监督，规范行政执法行为；（4）狠抓行政救济，妥善化解行政纠纷；（5）狠抓队伍保障，加强自身建设。

全面建设法治质检要以十八大精神为指引，为坚定走中国特色质检工作之路作出更大贡献。一要强化法治理念。全系统要把法治质检的意识放在第一位，把崇尚和信仰法治的精神融入内心，融入质检各项工作之中。二要加强组织领导。各级领导干部首先要厉行法治，带头学法用法，带头依法行政。三要形成工作合力。系统内各部门、内设机构之间要同心协力、相互支持、密切配合，切实做到对外严格依法行政，对内严格依法治检，做到法治工作全局化、全局工作法治化。

（一）加强对质检技术机构的监督与规范

1. 建立监督制度

总局相关司（局）、两委要研究制定质检技术机构和社会中介组织规范和监督管理办法，重点加强对各类技术机构和审核办事机构的监督制约，探索有效制约的手段，切断"寻租"空间，提高审批效率。各直属局和省级局也要制定相应的管理办法，加强日常监管工作。

2. 严格责任追究

各质检技术机构和社会中介机构要严格实行岗位责任制和层级负责制，对出具虚假数据和报告等违法违规行为要追究单位负责人和当事人的责任。

（二）加快推进行政许可信息化建设

1. 切实加快行政许可工作信息化建设

重点抓好扩大网上审批范围的工作。质检总局在总结"进境动植物检疫审批"等4个项目开展网上审批经验的基础上，争取明年底前所有行政许可项目全部实施网上审批。

2. 不断改进和完善网上审批

在规范许可工作程序、监督制约措施的基础上做好网上审批需求分析，本着先易后难、先启动后完善的原则，分期分批对审批过程实施电子化、自动化管理，使企业咨询、业务受理、审批、结果公布等能完备、便捷、高效地进行。在确保商业秘密、网络安全的前提下，做到"三个便于"，即便于申请人申请，便于审批者操作，便于内外部监督。通过实施网上审批，加快实现杜绝暗箱操作，减少行政成本，提高工作效率，接受群众监督的工作目标。

3. 加快推进"一个窗口对外"

结合监察部推广的许可电子监管程序，充分利用信息化手段，组织开发相关行政许可信息化管理系统，加强门户网站的建设。通过进一步优化办事制度和办事流程设计，理顺工作关系，减少不必要的环节，推行"一个窗口对外"制度，全面推进机关效能建设，提高工作效率和服务质量。总局相关司（局）、两委和各直属局、省级局都要积极创造条件，加快推行"一个窗口对外"，主动推进行政审批的信息化建设进度。

质监分局对棉纱厂不合格自产自用原料，
作出不予处罚决定

2010年4月21日，在甲省定期监督检查中，Y厂生产的普梳棉纱被判定为不合格产品，抽样基数为10吨，检验报告显示的不合格项目是"单纱断裂强度、一克内棉结粒数、一克内棉结杂质总粒数"均接近临界值，乙市局将不合格报告转交丙质监分局进行后续处理。

丙质监分局接到乙市局交办的Y厂生产普梳棉纱检验不合格案件后，局领导当即指派稽查一组立案调查。2010年5月2日，执法人员李某、张某对Y厂送达了检验报告，该厂负责生产的王厂长签收了检验报告，对检验报告无异议，在规定时限内也未提出复检，并提供了营业证、税务证、代码证、自检报告等材料。

在对Y厂送达检验报告的当天，执法人员对Y厂进行了现场检查。检查中发现，当时抽检的10吨棉纱已不在仓库内存放。承办人员对该公司全权委派的负责生产的王厂长进行了询问，据王厂长讲，该纺织公司经营范围为棉纺织品加工生产，不单出棉纱，主要以织布为主。在4月21日检验人员现场抽样时，已向工作人员反映，该批棉纱是作为本厂原料生产用的，不用于销售这一情况。目前这批棉纱已作为原料用于织布了。随后执法人员查阅了该厂4月份所有的产品出库清单、增值税专用发票等票据，发现成品出库单及增值税专用发票中显示的均为棉布票据。同时王厂长还向执法人员提供了4月份棉布自检合格报告。

2010年5月21日，丙质监分局对该案进行审理。经审理，审委会成员认为这10吨不合格棉纱确实作为原料自产自用了，不是终端产品，"以不合格产品冒充合格"的定性理由不充分，遂作出不予处罚决定。

某市质监局要求馒头生产企业限期整改

日前，某市质监局在对辖区内一家获证不久的馒头生产企业进行定期巡查时，发现该厂的出厂检验报告上的项目仅有比容、pH和感官质量3项，而按照《糕点生产许可证审查细则》中糕点质量检验项目表要求，该生产企业还应当进行细菌总数和大肠菌群的出厂检验。所以，巡查人员根据《食品生产加工企业质量安全监督管理实施细则（试行）》第九十四条中的规定当场要求企业限期进行整改，严格按照发证时接受的《糕点生产许可证审查细则》中的要求，完善出厂检验项目，增加菌落总数、大肠杆菌、水分（或干燥失重）三项检验指标。

释解

《食品生产加工企业质量安全监督管理实施细则（试行）》第九十四条规定，食品生产加工企业存在未按该细则规定实施出厂检验的，责令限期改正；逾期不改正的或者情节严重的，责令停止生产销售，处3万元以下罚款。取得食品生产许可证的企业有此行为且情节严重的，吊销食品生产许可证。该企业既然已取得了食品生产许可证，所以企业有责任严格按照《糕点生产许可证审查细则》中的检验项目进行出厂检验，执法人员要求企业进行限期整改是正确的。《糕点生产许可证审查细则》中规定的出厂检验项目为：外观和感官、净含量、水分或干燥失重、馅料含量、细菌总数和大肠菌群共计6项。馒头产品不含馅料，所以出厂检验项目应为5项。《糕点生产许可证审查细则》依据的国家标准之一为《糕点、面包卫生标准》（GB7099-2003），此标准为强制性卫生标准，相关企业必须严格执行。

第五章
质量监督管理法律制度

随着科技的进步，对质量监管的措施在不断更新，相关立法也在稳步推进。对食品安全、卫生检疫、烟花爆竹安全、棉花质量等进行适时监管，从源头抓起，减少风险，提高经济效益，防止因质量问题而带来经济损失。同时质量检验检疫部门应该加大监管力度，规制不良企业，从而完善质量监督管理体系，促进市场经济健康发展。

第一节　食品安全

2009年2月，十一届全国人大常委会七次会议通过了食品安全法，于同年6月1日正式实施。2015年4月24日，十二届全国人大常委会十四次会议审议通过了新修订的食品安全法，自2015年10月1日起施行。

一、食品安全法概述

新修订的食品安全法共一百五十四条，比原法增加了五十条，并对大部分条文进行了实质修改。新食品安全法总结国内经验，借鉴国际上其他国家的有益做法，重点完善了对生产、销售、餐饮服务等各环节实施最严格的全过程管理，强化生产经营者主体责任，完善追溯及监管处罚制度；对违法行为加大处罚力度，构成犯罪的，依法追究刑事责任；增设了食品安全基本原则，加重了对地方政府负责人和监管人员的问责，巩固深化了食品安全监管职责；改革创新了食品安全监督管理制度，并增设责任约谈、风险分级管理等要求，强化了食品安全源头治理，体现了"宽严相济"的法治理念。

食品安全工作实行预防为主、风险管理、全程控制、社会共治，建立科学、严格的监督管理制度。

县级以上地方人民政府对本行政区域的食品安全监督管理工作负责，统一领导、组织、协调本行政区域的食品安全监督管理工作以及食品安全突发事件应对工作，建立健全食品安全全程监督管理工作机制和信息共享机制。

二、保障食品安全检验检疫管理制度

（一）国家建立食品安全风险监测制度

国家建立食品安全风险监测制度，对食源性疾病、食品污染以及食品中的有害因素进行监测。国务院卫生行政部门会同国务院食品药品监督管理、质量监督等部门，制定、实施国家食品安全风险监测计划。

国务院食品药品监督管理部门和其他有关部门获知有关食品安全风险信息后，应当立即核实并向国务院卫生行政部门通报。对有关部门通报的食品安全风险信息以及医疗机构报告的食源性疾病等有关疾病信息，国务院卫生行政部门应当会同国务院有关部门分析研究，认为必要的，及时调整国家食品安全风险监测计划。

省、自治区、直辖市人民政府卫生行政部门会同同级食品药品监督管理、质量监督等部门，根据国家食品安全风险监测计划，结合本行政区域的具体情况，制定、调整本行政区域的食品安全风险监测方案，报国务院卫生行政部门备案并实施。

承担食品安全风险监测工作的技术机构应当根据食品安全风险监测计划和监测方案开展监测工作，保证监测数据真实、准确，并按照食品安全风险监测计划和监测方案的要求报送监测数据和分析结果。

食品安全风险监测结果表明可能存在食品安全隐患的，县级以上人民政府卫生行政部门应当及时将相关信息通报同级食品药品监督管理等部门，并报告本级人民政府和上级人民政府卫生行政部门。食品药品监督管理等部门应当组织开展进一步调查。

（二）国家建立食品安全风险评估制度

国家建立食品安全风险评估制度，运用科学方法，根据食品安全风险监测信息、科学数据以及有关信息，对食品、食品添加剂、食品相关产品中生物性、化学性和物理性危害因素进行风险评估。

国务院卫生行政部门负责组织食品安全风险评估工作，成立由医学、农业、食品、营养、生物、环境等方面的专家组成的食品安全风险评估专家委员会进行食品安全风险评估。食品安全风险评估结果由国务院卫生行政部门公布。

对农药、肥料、兽药、饲料和饲料添加剂等的安全性评估，应当有食品安全风险评估专家委员会的专家参加。

食品安全风险评估不得向生产经营者收取费用，采集样品应当按照市场价格支付费用。

有下列情形之一的，应当进行食品安全风险评估：（1）通过食品安全风险监测或者接到举报发现食品、食品添加剂、食品相关产品可能存在安全隐患的；（2）为制定或者修订食品安全国家标准提供科学依据需要进行风险评估的；（3）为确定监督管理的重点领域、重点品种需要进行风险评估的；（4）发现新的可能危害食品安全因素的；（5）需要判断某一因素是否构成食品安全隐患的；（6）国务院卫生行政部门认为需要进行风险评估的其他情形。

国务院食品药品监督管理、质量监督、农业行政等部门在监督管理工作中发现需要进行食品安全风险评估的，应当向国务院卫生行政部门提出食品安全风险评估的建议，并提供风险来源、相关检验数据和结论等信息、资料。属于食品安全法第十八条规定情形的，国务院卫生行政部门应当及时进行食品安全风险评估，并向国务院有关部门通报评估结果。

省级以上人民政府卫生行政、农业行政部门应当及时相互通报食品、食用农产品安全风险监测信息。

国务院卫生行政、农业行政部门应当及时相互通报食品、食用农产品安全风险评估结果等信息。

（三）食品安全标准制度

食品安全标准是强制执行的标准。除食品安全标准外，不得制定其他食品强制性标准。食品安全标准应当包括下列内容：（1）食品、食品添加剂、食品相关产品中的致病性微生物，农药残留、兽药残留、生物毒素、重金属等污染物质以及其他危害人体健康物质的限量规定；（2）食品添加剂的品种、使用范围、用量；（3）专供婴幼儿和其他特定人群的主辅食品的营养成分要求；（4）对与卫生、营养等食品安全要求有关的标签、标志、说明书的要求；（5）食品生产经营过程的卫生要求；（6）与食品安全有关的质量要求；（7）与食品安全有关的食品检验方法与规程；（8）其他需要制定为食品安全标准的内容。

制定食品安全国家标准，应当依据食品安全风险评估结果并充分考虑食用农产品安全风险评估结果，参照相关的国际标准和国际食品安全风险评估结果，并将食品安全国家标准草案向社会公布，广泛听取食品生产经营者、消费者、有关部门等方面的意见。

食品安全国家标准应当经国务院卫生行政部门组织的食品安全国家标准审评委员会审查通过。食品安全国家标准审评委员会由医学、农业、食品、营养、生物、环境等方面的专家以及国务院有关部门、食品行业协会、消费者协会的代表组成，对食品安全国家标准草案的科学性和实用性等进行审查。

（四）国家建立食品召回制度

国家建立食品召回制度。食品生产者发现其生产的食品不符合食品安全标准或者有证据证明可能危害人体健康的，应当立即停止生产，召回已经上市销售的食品，通知相关生产经营者和消费者，并记录召回和通知情况。

食品生产经营者应当对召回的食品采取无害化处理、销毁等措施，防止其再次流入市场。但是，对因标签、标志或者说明书不符合食品安全标准而被召回的食品，食品生产者在采取补救措施且能保证食品安全的情况下可以继续销售；销售时应当向消费者明示补救措施。

食品生产经营者应当将食品召回和处理情况向所在地县级人民政府食品药品监督管理部门报告；需要对召回的食品进行无害化处理、销毁的，应当提前报告时间、地点。

三、食品生产经营管理制度

（一）食品生产经营应当符合食品安全标准

食品生产经营应当符合食品安全标准，并符合下列要求：（1）具有与生产经营的食品品种、数量相适应的食品原料处理和食品加工、包装、贮存等场所，保持该场所环境整洁，并与有毒、有害场所以及其他污染源保持规定的距离；（2）具有与生产经营的食品品种、数量相适应的生产经营设备或者设施，有相应的消毒、更衣、盥洗、采光、照明、通风、防腐、防尘、防蝇、防鼠、防虫、洗涤以及处理废水、存放垃圾和废弃物的设备或者设施；（3）有专职或者兼职的食品安全专业技术人员、食品安全管理人员和保证食品安全的规章制度；（4）具有合理的设备布局和工艺流程，防止待加工食品与直接入口食品、原料与成品交叉污染，避免食品接触有毒物、不洁物；（5）餐具、饮具和盛放直接入口食品的容器，使用前应当洗净、消毒，炊具、用具用后应当洗净，保持清洁；（6）贮存、运输和装卸食品的容器、工具和设备应当安全、无害，保持清洁，防止食品污染，并符合保证食品安全所需的温度、湿度等特殊要求，不得将食品与有毒、有害物品一同贮存、运输；（7）直接入口的食品应当使用无毒、清洁的包装材料、餐具、饮具和容器；（8）食品生产经营人员应当保持个人卫生，生产经营食品时，应当将手洗净，穿戴清洁的工作衣、帽等；销售无包装的直接入口食品时，应当使用无毒、清洁的容器、售货工具和设备；（9）用水应当符合国家规定的生活饮用水卫生标准；（10）使用的洗涤剂、消毒剂应当对人体安全、无害；（11）法律、法规规定的其他要求。

（二）禁止生产经营下列食品、食品添加剂、食品相关产品

禁止生产经营下列食品、食品添加剂、食品相关产品：（1）用非食品原料生产的食品或者添加食品添加剂以外的化学物质和其他可能危害人体健康物质的食品，或

者用回收食品作为原料生产的食品；（2）致病性微生物、农药残留、兽药残留、生物毒素、重金属等污染物质以及其他危害人体健康的物质含量超过食品安全标准限量的食品、食品添加剂、食品相关产品；（3）用超过保质期的食品原料、食品添加剂生产的食品、食品添加剂；（4）超范围、超限量使用食品添加剂的食品；（5）营养成分不符合食品安全标准的专供婴幼儿和其他特定人群的主辅食品；（6）腐败变质、油脂酸败、霉变生虫、污秽不洁、混有异物、掺假掺杂或者感官性状异常的食品、食品添加剂；（7）病死、毒死或者死因不明的禽、畜、兽、水产动物肉类及其制品；（8）未按规定进行检疫或者检疫不合格的肉类，或者未经检验或者检验不合格的肉类制品；（9）被包装材料、容器、运输工具等污染的食品、食品添加剂；（10）标注虚假生产日期、保质期或者超过保质期的食品、食品添加剂；（11）无标签的预包装食品、食品添加剂；（12）国家为防病等特殊需要明令禁止生产经营的食品；（13）其他不符合法律、法规或者食品安全标准的食品、食品添加剂、食品相关产品。

（三）食品生产企业应当就下列事项制定并实施控制要求

食品生产企业应当就下列事项制定并实施控制要求，保证所生产的食品符合食品安全标准：（1）原料采购、原料验收、投料等原料控制；（2）生产工序、设备、贮存、包装等生产关键环节控制；（3）原料检验、半成品检验、成品出厂检验等检验控制；（4）运输和交付控制。

食用农产品生产者应当按照食品安全标准和国家有关规定使用农药、肥料、兽药、饲料和饲料添加剂等农业投入品，严格执行农业投入品使用安全间隔期或者休药期的规定，不得使用国家明令禁止的农业投入品。禁止将剧毒、高毒农药用于蔬菜、瓜果、茶叶和中草药材等国家规定的农作物。

四、食品检验管理制度

（一）检验资质

食品检验机构按照国家有关认证认可的规定取得资质认定后，方可从事食品检验活动。但是，法律另有规定的除外。食品检验由食品检验机构指定的检验人独立进行。检验人应当依照有关法律、法规的规定，并按照食品安全标准和检验规范对食品进行检验，尊重科学，恪守职业道德，保证出具的检验数据和结论客观、公正，不得出具虚假检验报告。

（二）食品检验机构与检验人负责制

食品检验实行食品检验机构与检验人负责制。食品检验报告应当加盖食品检验机构公章，并有检验人的签名或者盖章。食品检验机构和检验人对出具的食品检验报告负责。县级以上人民政府食品药品监督管理部门应当对食品进行定期或者不定期的抽样检验，并依据有关规定公布检验结果，不得免检。进行抽样检验，应当购买抽取的样品，委托符合食品安全法规定的食品检验机构进行检验，并支付相关费用；不得向食品生产经营者收取检验费和其他费用。对实施的检验结论有异议的，食品生产经营者可以自收到检验结论之日起七个工作日内向实施抽样检验的食品药品监督管理部门或者其上一级食品药品监督管理部门提出复检申请，由受理复检申请的食品药品监督管理部门在公布的复检机构名录中随机确定复检机构进行复检。复检机构出具的复检结论为最终检验结论。复检机构与初检机构不得为同一机构。复检机构名录由国务院认证认可监督管理、食品药品监督管理、卫生行政、农业行政等部门共同公布。

采用国家规定的快速检测方法对食用农产品进行抽查检测，被抽查人对检测结果有异议的，可以自收到检测结果时起四小时内申请复检。复检不得采用快速检测方法。食品生产企业可以自行对所生产的食品进行检验，也可以委托符合法律规定的食品检验机构进行检验。

食品行业协会和消费者协会等组织、消费者需要委托食品检验机构对食品进行检验的，应当委托符合食品安全法规定的食品检验机构进行。

（三）出入境检验检疫

进口尚无食品安全国家标准的食品，由境外出口商、境外生产企业或者其委托的进口商向国务院卫生行政部门提交所执行的相关国家（地区）标准或者国际标准。国务院卫生行政部门对相关标准进行审查，认为符合食品安全要求的，决定暂予适用，并及时制定相应的食品安全国家标准。进口利用新的食品原料生产的食品或者进口食品添加剂新品种、食品相关产品新品种的，出入境检验检疫机构按照国务院卫生行政部门的要求，对其进行检验。检验结果应当公开。

（四）应对境外突发食品安全事件

境外发生的食品安全事件可能对我国境内造成影响，或者在进口食品、食品添加剂、食品相关产品中发现严重食品安全问题的，国家出入境检验检疫部门应当及时采取风险预警或者控制措施，并向国务院食品药品监督管理、卫生行政、农业行政部门通报。接到通报的部门应当及时采取相应措施。

县级以上人民政府食品药品监督管理部门对国内市场上销售的进口食品、食品添加剂实施监督管理。发现存在严重食品安全问题的，国务院食品药品监督管理部门应当及时向国家出入境检验检疫部门通报。国家出入境检验检疫部门应当及时采取相应措施。向我国境内出口食品的境外出口商或者代理商、进口食品的进口商应当向国家出入境检验检疫部门备案。向我国境内出口食品的境外食品生产企业应当经国家出入境检验检疫部门注册。已经注册的境外食品生产企业提供虚假材料，或者因其自身的原因致使进口食品发生重大食品安全事故的，国家出入境检验检疫部门应当撤销注册并公告。

（五）检验检疫食品安全信息汇总

国家出入境检验检疫部门应当收集、汇总下列进出口食品安全信息，并及时通报相关部门、机构和企业：（1）出入境检验检疫机构对进出口食品实施检验检疫发现的食品安全信息；（2）食品行业协会和消费者协会等组织、消费者反映的进口食品安全信息；（3）国际组织、境外政府机构发布的风险预警信息及其他食品安全信息，以及境外食品行业协会等组织、消费者反映的食品安全信息；（4）其他食品安全信息。

国家出入境检验检疫部门应当对进出口食品的进口商、出口商和出口食品生产企业实施信用管理，建立信用记录，并依法向社会公布。对有不良记录的进口商、出口商和出口食品生产企业，应当加强对其进出口食品的检验检疫。

五、食品质量监督管理制度

（一）监管机构

县级以上人民政府食品药品监督管理、质量监督部门根据食品安全风险监测、风险评估结果和食品安全状况等，确定监督管理的重点、方式和频次，实施风险分级管理。

县级以上地方人民政府组织本级食品药品监督管理、质量监督、农业行政等部门制定本行政区域的食品安全年度监督管理计划，向社会公布并组织实施。

县级以上人民政府食品药品监督管理、质量监督等部门应当加强对执法人员食品安全法律、法规、标准和专业知识与执法能力等的培训，并组织考核。不具备相应知识和能力的，不得从事食品安全执法工作。

（二）监管重点

食品安全年度监督管理计划应当将下列事项作为监督管理的重点：（1）专供婴幼儿和其他特定人群的主辅食品；（2）保健食品生产过程中的添加行为和按照注册或者备案的技术要求组织生产的情况，保健食品标签、说明书以及宣传材料中有关功能宣传的情况；（3）发生食品安全事故风险较高的食品生产经营者；（4）食品安全风险监测结果表明可能存在食品安全隐患的事项。

（三）监管职责

县级以上人民政府食品药品监督管理、质量监督部门履行各自食品安全监督管理职责，有权采取下列措施，对生产经营者遵守食品安全法的情况进行监督检查：（1）进入生产经营场所实施现场检查；（2）对生产经营的食品、食品添加剂、食品相关产品进行抽样检验；（3）查阅、复制有关合同、票据、账簿以及其他有关资料；（4）查封、扣押有证据证明不符合食品安全标准或者有证据证明存在安全隐患以及用于违法生产经营的食品、食品添加剂、食品相关产品；（5）查封违法从事生产经营活动的场所。

食品生产经营者、食品行业协会、消费者协会等发现食品安全执法人员在执法过程中有违反法律、法规规定的行为以及不规范执法行为的，可以向本级或者上级人民政府食品药品监督管理、质量监督等部门或者监察机关投诉、举报。接到投诉、举报的部门或者机关应当进行核实，并将经核实的情况向食品安全执法人员所在部门通报；涉嫌违法违纪的，按照食品安全法和有关规定处理。

六、食品检验检疫的法律责任

（一）违反出入境检验检疫

违反食品安全法规定，有下列情形之一的，由出入境检验检疫机构给予处罚：（1）提供虚假材料，进口不符合我国食品安全国家标准的食品、食品添加剂、食品相关产品；（2）进口尚无食品安全国家标准的食品，未提交所执行的标准并经国务院卫生行政部门审查，或者进口利用新的食品原料生产的食品或者进口食品添加剂新品种、食品相关产品新品种，未通过安全性评估；（3）未遵守食品安全法的规定出口食品；（4）进口商在有关主管部门责令其依照食品安全法规定召回进口的食品后，仍拒不召回。

（二）未依法建立记录和审核制度

违反食品安全法规定，进口商未建立并遵守食品、食品添加剂进口和销售记录制度、境外出口商或者生产企业审核制度的，由出入境检验检疫机构依法给予处罚。

（三）监管渎职

1. 提供虚假监测、评估信息

违反本食品安全法规定，承担食品安全风险监测、风险评估工作的技术机构、技术人员提供虚假监测、评估信息的，依法对技术机构直接负责的主管人员和技术人员给予撤职、开除处分；有执业资格的，由授予其资格的主管部门吊销执业证书。

2. 出具虚假检验报告

食品检验机构、食品检验人员出具虚假检验报告的，由授予其资质的主管部门或者机构撤销该食品检验机构的检验资质，没收所收取的检验费用，并处罚款，依法对食品检验机构直接负责的主管人员和食品检验人员给予撤职或者开除处分；导致发生重大食品安全事故的，对直接负责的主管人员和食品检验人员给予开除处分。

受到开除处分的食品检验机构人员，自处分决定作出之日起十年内不得从事食品检验工作；因食品安全违法行为受到刑事处罚或者因出具虚假检验报告导致发生重大食品安全事故受到开除处分的食品检验机构人员，终身不得从事食品检验工作。食品检验机构聘用不得从事食品检验工作的人员的，由授予其资质的主管部门或者机构撤销该食品检验机构的检验资质。

食品检验机构出具虚假检验报告，使消费者的合法权益受到损害的，应当与食品生产经营者承担连带责任。

3. 认证机构出具虚假认证结论

认证机构出具虚假认证结论，由认证认可监督管理部门没收所收取的认证费用，并处罚款，情节严重的，责令停业，直至撤销认证机构批准文件，并向社会公布；对直接负责的主管人员和负有直接责任的认证人员，撤销其执业资格。

认证机构出具虚假认证结论，使消费者的合法权益受到损害的，应当与食品生产经营者承担连带责任。

4. 监管人员违法实施检查、强制等执法措施

质量监督部门在履行食品安全监督管理职责过程中，违法实施检查、强制等执法措施，给生产经营者造成损失的，应当依法予以赔偿，对直接负责的主管人员和其他直接责任人员依法给予处分。

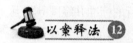以案释法 12

非法经营不符合安全标准的食品案

2010年11月起，被告人陈某到某地收购病死猪，并以每月人民币2000元的报酬雇用被告人张某把病死猪运输到租用的猪场，由被告人林某进行屠宰后销售给被告人贾某，总销售金额达30多万元，违法所得12万元。贾某收购病死猪肉后予以销售，销售金额达50余万元，违法所得20万元。期间，每月以2000元至2500元的报酬雇用被告人李某、路某押车、收账、运输。被告人周某、吴某夫妻从贾某处购买病死猪肉制成香肠等销售，销售金额7万余元，违法所得1.5万余元；被告人周某从贾某处购买病死猪肉达3万余元转售；被告人孙某从贾某处购买病死猪排骨转售，销售金额达7000余元，违法所得1000元。2011年7月25日，警方在贾某租用的猪场中查获尚未销售的病死猪肉4060斤。经鉴定，送检样品含有猪繁殖与呼吸综合征病毒和猪圆环病毒，"挥发性盐基氮"超标。

另查明，被告人贾某曾因犯生产、销售伪劣产品罪，于2008年4月30日被判处有期徒刑11个月，并处罚金人民币8.2万元，2008年5月11日刑满释放。

释解

被告人贾某低价收购病死猪肉转售；被告人陈某、林某向他人收购病死猪屠宰后销售；被告人李某、路某、张某明知贾某、陈某生产、销售的是国家禁止经营的病死猪肉，仍为其提供运输等帮助，各被告人的行为均已构成生产、销售伪劣产品罪，生产、销售不符合安全标准的食品罪，非法经营罪，应择一重罪处断；被告人周某、孙某等明知是病死猪肉仍购买，加工后销售或直接销售，构成生产、销售不符合安全标准的食品罪。贾某、陈某、林某系主犯；李某、路某、张某系从犯，应从轻减轻处罚；贾某系累犯，应从重处罚。

据此，法院依法判决：被告人贾某犯生产、销售伪劣产品罪，判处有期徒刑12年，

并处罚金人民币100万元；被告人陈某犯非法经营罪，判处有期徒刑10年，并处罚金人民币30万元；被告人林某犯非法经营罪，判处有期徒刑9年，并处罚金人民币26万元；其余被告人分别以非法经营罪，生产、销售伪劣产品罪，生产、销售不符合安全标准的食品罪被判处1年至4年不等的有期徒刑，并处罚金。

 以案释法 13

茶叶添加西洋参不符合食品安全标准被判赔十倍价款

2014年10月，陈先生通过某电商商城购得40盒"人参乌龙茶"，价值796元。网店上的产品介绍显示，该茶叶的配料为乌龙茶、西洋参。陈先生将其作为礼品赠送给朋友，朋友饮用后出现身体不适。经了解西洋参不属于食品，不能随意添加。陈先生认为企业在生产茶叶的过程中非法添加了西洋参，违反了法律规定，该茶叶属于不合格食品，所以向法院起诉，要求返还购货款并赔偿十倍的货款。

 释解

根据食品安全法的相关规定，生产经营的食品中不得添加药品，但是可以添加按照传统既是食品又是中药材的物质。按照传统既是食品又是中药材的物质的目录由国务院卫生行政部门制定、公布，而根据《卫生部关于进一步规范保健食品原料管理的通知》，西洋参属于可用于保健食品的物品名单，但不属于既是食品又是药品的物品名单。由此可知，西洋参不能随意在食品生产过程中添加，而茶叶属于食品，所以不能在茶叶中随意添加西洋参。

关于本案，被告销售的涉案茶叶因为添加了西洋参，属于不符合食品安全标准的食品。据此，根据相关法律法规，结合案件实际情况，法院判决被告退还货款796元，并支付价款十倍的赔偿金7960元。

第二节 国境卫生检疫

在国际贸易往来和人员交流日益频繁的大环境下，全球公共卫生面临着严峻的考验。各种有害因子、医学媒介生物输入的风险日益增加，公共卫生风险形势复杂多变，其影响范围已扩展至旅游、卫生、外交、经济、政治等多个领域。为了防止传染病由国外传入或者由国内传出，实施国境卫生检疫，保护人体健康，我国于1986年12月2日六届全国人大常委会十八次会议通过了国境卫生检疫法，又根据

2007年12月29日十届全国人大常委会三十一次会议《关于修改〈中华人民共和国国境卫生检疫法〉的决定》进行了修正。

一、国境卫生检疫法

（一）主管部门

由国务院卫生行政部门主管全国国境卫生检疫工作。在境内国际通航的港口、机场以及陆地边境和国界江河的口岸设立国境卫生检疫机关，依照相关法律法规实施传染病检疫、监测和卫生监督。

（二）检疫对象及检查范围

国境卫生检疫法明确该法的检疫对象为传染病，即检疫传染病和监测传染病两种。检疫传染病，是指鼠疫、霍乱、黄热病以及国务院确定和公布的其他传染病；监测传染病，由国务院卫生行政部门确定和公布。

具体的检查范围包括：出入境人员、交通工具、运输设备以及可能传播检疫传染病的行李、货物、邮包等物品。对于未经检查合格的，不可予以办理出入境手续，即禁止其出入境。对于因故停留在我国境内非口岸地点的外国船舶、航空器，应由船舶、航空器的负责人即时向就近的国境卫生检疫机关或者当地卫生行政部门报告。除紧急情况外，未经国境卫生检疫机关或者当地卫生行政部门许可，任何人不准上下船舶、航空器，不准装卸行李、货物、邮包等物品。

（三）国境口岸卫生监督

国境卫生检疫机关根据国家规定的卫生标准，对国境口岸的卫生状况和停留在国境口岸的入境、出境的交通工具的卫生状况实施卫生监督：（1）监督和指导有关人员对啮齿动物、病媒昆虫的防除；（2）检查和检验食品、饮用水及其储存、供应、运输设施；（3）监督从事食品、饮用水供应的从业人员的健康状况，检查其健康证明书；（4）监督和检查垃圾、废物、污水、粪便、压舱水的处理。

国境卫生检疫机关设立国境口岸卫生监督员，执行国境卫生检疫机关交给的任务。国境口岸卫生监督员在执行任务时，有权对国境口岸和入境、出境的交通工具进行卫生监督和技术指导，对卫生状况不良和可能引起传染病传播的因素提出改进意见，协同有关部门采取必要的措施，进行卫生处理。

（四）突发事件应对

为应对突发公共卫生事件，质检总局及其设在各地的直属出入境检验检疫局和分支机构组成国境口岸突发事件出入境检验检疫应急指挥体系。遵循预防为主、常备不懈的方针，统一领导、分级负责、反应及时、措施果断、依靠科学、加强合作。

在日常工作中，相关机构应根据法律法规，结合日常情况，制定应急预案。定期开展突发事件出入境检验检疫应急处理相关技能的培训，推广先进技术。同时，根据已制定的应急预案，保证应急处理人员、设施、设备、防治药品和器械等资源的配备、储备，提高应对突发事件的处理能力。

国境卫生检疫机关发现检疫传染病或者疑似检疫传染病时，除采取必要措施外，必须立即通知当地卫生行政部门，同时用最快的方法报告国务院卫生行政部门，最迟不得超过二十四小时。对于此类消息，邮电部门应当优先传送。国家质检总局应当将突发事件的进展情况，及时向国务院有关部门和直属检验检疫局通报。接到通报的直属检验检疫局，应当及时通知本局辖区内的有关分支机构。

突发事件发生后，发生地检验检疫机构经上一级机构批准，应对现场进行临时控制，限制人员出入；对疑为人畜共患的重要疾病疫情，禁止病人或者疑似病人与易感动物接触；对现场有关人员进行医学观察，临时隔离留验；对出入境交通工具、货物、集装箱、行李、邮包等采取限制措施，禁止移运；封存可能导致突发事件发生或者蔓延的设备、材料、物品；实施紧急卫生处理措施。

二、国境卫生检疫法实施细则解读

国境卫生检疫法实施细则最初制定于1989年，随着科技的进步与时代的发展，为了适应新形势下国境卫生检验检疫工作的需求，2010年4月24日，实施细则进行了大范围的修订，并于2016年2月进行适当修改。

（一）细则修订

修订后的国境卫生检疫法实施细则共十二章，一百一十四条。修改后的条款删掉了艾滋病、性病和麻风病，将精神病修改为严重性精神病，开放性肺结核病修改为传染性肺结核病，增加可能对公共卫生造成重大危害的其他传染病。进一步扩大了需控制疾病的范围，改进了相关规定，要求对人的排泄物、垃圾、废水、废物和装自霍乱疫区的压舱水，未经消毒，不准排放或移下。

国境卫生检疫法实施细则中对诸多卫生检疫概念进行了明确。（1）查验，指国境卫生检疫机关实施的医学检查和卫生检查；（2）隔离，指将染疫人收留在指定的处所，限制其活动并进行治疗，直到消除传染病传播的危险；（3）就地诊验，指一个人在卫生检疫机关指定的期间，到就近的卫生检疫机关或者其他医疗卫生单位去接受诊察和检验，或者卫生检疫机关、其他医疗卫生单位到该人员的居留地，对其进行诊察和检验；（4）卫生监督，指执行卫生法规和卫生标准所进行的卫生检查、卫生鉴定、卫生评价和采样检验等。

（二）应对国内或者国外检疫传染病大流行

在国内或者国外检疫传染病大流行的时候，国务院卫生行政部门应当立即报请国务院决定采取下列措施：（1）下令封锁陆地边境、国界江河的有关区域；（2）指定某些物品必须经过消毒、除虫，方准由国外运进或者由国内运出；（3）禁止某些物品由国外运进或者由国内运出；（4）指定第一入境港口、降落机场。对来自国外疫区的船舶、航空器，除因遇险或者其他特殊原因外，没有经第一入境港口、机场检疫的，不准进入其他港口和机场等一部或者全部检疫措施。

（三）海港检疫

在海港检疫方面，要求入境船舶在指定地点进行检疫，港务监督机关应当将船舶确定到达指定地（通常为检疫锚地）的日期和时间尽早通知卫生检疫机关。受入境检疫的船舶，必须按照规定悬挂检疫信号等候查验，在卫生检疫机关发给入境检疫证前，不得降下检疫信号。受入境检疫船舶的船长，在检疫医师到达船上时，必须提交由船长签字或者有船医附签的航海健康申报书、船员名单、旅客名单、载货申报单，并出示除鼠证书或者免予除鼠证书。船舶领到卫生检疫机关签发的入境检疫证后，可以降下检疫信号，准备入境。

（四）航空检疫

在航空检疫方面，除了规定航空器在飞行中，不得向下投掷或者任其坠下能传播传染病的任何物品外，严格要求对在飞行中发现的危及公共卫生安全的事项实行报告制度。在检疫没有结束之前，除经卫生检疫机关许可外，任何人不得上下航空器，不准装卸行李、货物、邮包等物品。

（五）陆地边境检疫

在陆地边境检疫方面，根据相关规定，实施卫生检疫的车站应当在受入境检疫的列车到达之前，尽早向卫生检疫机关通知列车的车次、始发站、预定到达的时间以及列车编组情况。受入境、出境检疫的列车，在查验中发现检疫传染病或者疑似检疫传染病，或者因受卫生处理不能按原定时间发车，卫生检疫机关应当及时通知车站的站长。如果列车在原停车地点不宜实施卫生处理，站长可以选择站内其他地点实施卫生处理。在处理完毕之前，未经卫生检疫机关许可，任何人不准上下列车，不准装卸行李、货物、邮包等物品。

卫生检疫机关的工作人员在实施卫生处理时，要严格依法行事，避免给他人健康造成危害，或对交通工具、行李、货物等造成损害。卫生检疫机关对来自检疫传染病疫区的、被检疫传染病污染的、发现有与人类健康有关的啮齿动物或者病媒昆虫，超过国家卫生标准等情形的，应当进行相应的卫生处理，消除安全隐患。对于鼠疫、霍乱等传染病，更应如此，不可因小失大，从而威胁公共卫生安全。

从源头抓起、层层监管、充分发挥卫生检疫在疾病预防控制中的作用、控制和消除传染病传入传出是做好口岸疾病预防控制、突发公共卫生事件应急处置、口岸卫生监督、国际旅行健康服务和口岸核生化反恐的必然要求。以科学技术、法律制度等为依托，维护包括我国在内的全人类健康安全，以口岸核心能力建设为基础，建立依法科学、及时准确、协调统一的中国特色口岸公共卫生体系——"做强卫检，确保安全"。

被告人辛某在某国从事餐饮业务，2001年，由于该国爆发霍乱病，辛某为了远离病毒，遂匆忙回国。在过关时由于要接受卫生检疫检查，辛某很是紧张，担心如果被查出感染霍乱，可能会被拉去强制治疗，没有自由。而且如果真有霍乱，万一流传开来，以后餐馆的生意肯定会大打折扣，便想找个机会混过去。而此时，检疫人员已发现辛某心神不定，行为异常。于是，检疫人员告诉他不要紧张，这只是例行的检查，为的是防止传染病传入境内。谁知辛某听了这些话竟破口大骂，说检疫人员污蔑他有病，要把他强行关押。情绪激烈的辛某试图从检疫室中冲出，但并未成功。当被检疫人员阻拦时，辛某便开始对检疫人员拳脚相向，还砸坏了部分检疫设备。后辛某被边防人员制止。经检查，辛某确已染上霍乱。

因为霍乱属于甲级传染病，辛某的行为显然已经触犯法律。根据刑法第三百三十二条的规定，违反国境卫生检疫规定，引起检疫传染病传播或者有传播严重危险的，构成妨害国境卫生检疫罪；根据第三百三十条第一款第四项违反传染病防治法的规定，拒绝执行卫生防疫机构依照传染病防治法提出的预防、控制措施的，引起甲类传染病传播或者有传播严重危险的，构成妨害传染病防治罪。法院将依据辛某违法行为的情节轻重，给予相应的刑事处罚。

国境卫生检疫人员是国家机关工作人员，其对每位进出境人员进行检疫的行为是执行公务的行为，辛某为了逃避检疫，当众殴打检疫人员并砸毁其检验设备，其行为按照刑法第二百七十七条的规定已构成妨害公务罪，只是辛某的行为尚未造成严重影响，也没有对被殴打人员的身体造成严重伤害，因此，对其应从轻处罚。

第三节　烟花爆竹安全管理

烟花虽美，但其整个生产过程都充满危险系数，存在安全隐患。每年都有大量因不当存储、违规生产、不科学燃放而引发重大安全事故。实施有效监管，完善相关配套设施，建立规范制度，可以在一定程度上减少风险，从而防止此类事故的发生。

2005年2月，中央编办印发了《关于进一步明确民用爆炸物品安全监管部门职责分工的通知》。通知重新对民用爆炸物品和烟花爆竹安全监督管理部门的职责分工进行了进一步明确，但这并未能完全应对新情况、新问题。2006年1月21日国务院颁布实施了《烟花爆竹安全管理条例》，为加强烟花爆竹安全管理，预防爆炸事故发生，保障公共安全和人身、财产的安全，提供了有效保障。2016年，国务院对《烟花爆竹安全管理条例》进行了修改，对有些条款进行了删减修改。

烟花爆竹安全管理条例共七章四十六条，分别从烟花爆竹的生产、经营、运输和燃放安全等方面对其进行了规制。明确对烟花爆竹的生产、经营、运输和举办焰火晚会以及其他大型焰火燃放活动，实行许可证制度。整部条例虽然字数不多，但结构完整，条理清晰，对立法目的、适用范围、监管责任等也进行了明确。

一、监管主体

《烟花爆竹安全管理条例》明确了由安全生产监督管理部门负责烟花爆竹的安全生产监督管理；公安部门负责烟花爆竹的公共安全管理；质量监督检验部门负责烟花爆竹的质量监督和进出口检验。与此同时，由公安部门、安全生产监督管理部门、质量监督检验部门、工商行政管理部门按照职责分工，组织查处非法生产、经营、储存、运输、邮寄烟花爆竹以及非法燃放烟花爆竹的行为。

二、行政许可

《烟花爆竹安全管理条例》明确了四项行许可证：安全生产监管部门负责生产、经营两项的行政许可；公安部门负责运输和举办焰火晚会以及大型焰火燃放活动的行政许可。烟花爆竹生产企业的安全生产许可证由省级安全生产监管部门负责审查发放；烟花爆竹批发经营企业的经营许可证由省级安全生产监管部门或者其委托的设区的市级安全生产监管部门负责审查发放；零售经营者的经营许可证由所在地县级安全生产监管部门审查发放。

三、监管职责

公安部门、安全生产监督管理部门、质量监督检验部门、工商行政管理部门应当按照职责分工，组织查处非法生产、经营、储存、运输、邮寄烟花爆竹以及非法燃放烟花爆竹的行为。

（一）在生产安全方面

生产烟花爆竹的企业，应当具备下列条件：（1）符合当地产业结构规划；（2）基本建设项目经过批准；（3）选址符合城乡规划，并与周边建筑、设施保持必要的安全距离；（4）厂房和仓库的设计、结构和材料以及防火、防爆、防雷、防静电等安全设备、设施符合国家有关标准和规范；（5）生产设备、工艺符合安全标准；（6）产品品种、规格、质量符合国家标准；（7）有健全的安全生产责任制；（8）有安全生产管理机构和专职安全生产管理人员；（9）依法进行了安全评价；（10）有事故应急救援预案、应急救援组织和人员，并配备必要的应急救援器材、设备；（11）法律、法规规定的其他条件。

生产烟花爆竹的企业，应当按照安全生产许可证核定的产品种类进行生产，生产工序和生产作业应当执行有关国家标准和行业标准。

生产烟花爆竹使用的原料，应当符合国家标准的规定。生产烟花爆竹使用的原料，国家标准有用量限制的，不得超过规定的用量。不得使用国家标准规定禁止使用或者禁忌配伍的物质生产烟花爆竹。

生产烟花爆竹的企业，应当按照国家标准的规定，在烟花爆竹产品上标注燃放说明，并在烟花爆竹包装物上印制易燃易爆危险物品警示标志。

生产烟花爆竹的企业，应当对黑火药、烟火药、引火线的保管采取必要的安全技术措施，建立购买、领用、销售登记制度，防止黑火药、烟火药、引火线丢失。黑火药、烟火药、引火线丢失的，企业应当立即向当地安全生产监督管理部门和公安部门报告。

（二）在经营安全方面

从事烟花爆竹批发的企业和零售经营者的经营布点，应当经安全生产监督管理部门审批，禁止在城市市区布设烟花爆竹批发场所。对于经营行为，条例明确批发企业应当向生产企业采购，向零售企业供应；零售经营者应当向批发企业采购，不得直接从生产企业订货。

（三）在运输安全方面，实行一次性许可

《烟花爆竹安全管理条例》明确规定，《烟花爆竹道路运输许可证》将标明一次性运输有效期限，同时还要标明托运人、承运人、起始地点、行驶线路、经停地点、烟花爆竹种类、规格、数量等事项。烟花爆竹运抵目的地后，收货人应当在3天内将此证交回发证机关核销。运输过程中，除许可证要携带并不得违反许可事项外，车辆应当悬挂或安装标准的易燃易爆危险物品警示标志；装载过程要符合国家标准和规范；装载烟花爆竹的车厢不得载人；应当限速行驶，途中经停必须有专人看守，出现危险要采取必要措施并报告公安部门。

（四）在燃放安全方面

对于"限放"还是"禁放"，由各地自行决定，即县级以上地方人民政府可以根据本行政区域的实际情况，确定限制或者禁止燃放烟花爆竹的时间、地点和种类。但文物保护单位、车站、码头、飞机场等交通枢纽以及铁路线路安全保护区内、易燃易爆物品生产、储存单位、输变电设施安全保护区内、医疗机构、幼儿园、中小学校、敬老院、山林、草原等重点防火区、县级以上地方人民政府规定的禁止燃放烟花爆竹的其他地点则严禁燃放烟花爆竹。

（五）法律责任

对于非法生产、经营、运输烟花爆竹，构成违反治安管理行为的，依法给予治安管理处罚；构成犯罪的，依法追究刑事责任。对于其他违反相关法律法规情形的，各主管机关应依法作出吊销烟花爆竹经营许可证、没收违法所得等处罚。

不受理许可证延期申请是否是行政不作为

　　原告 A 烟花爆竹厂于2005年12月30日依法取得了 B 省安监局颁发的《安全生产许可证》，有效期至2008年12月30日。《安全生产许可证》到期前，原告在法定期限内多次向被告申报办理延期行政许可，但被告以原告等102家烟花爆竹企业的安全生产条件不符合新一轮烟花爆竹企业安全生产许可的标准为由，要求烟花爆竹企业按"重新设计、重新评价、重新整改、重新验收"的"推倒重来"政策办理烟花爆竹企业《安全生产许可证》。后该县烟花爆竹厂因 B 省安监局行政许可不作为。于2010年5月向中级人民法院起诉，该院受理后以"案情复杂，影响较大"为由，请求省高级人民法院指定管辖，省高级人民法院于2010年8月作出行政裁定，裁定本案由法院管辖不变。

　　本案系行政许可不作为案。

　　安全生产许可证条例第九条第一款规定，安全生产许可证的有效期为三年，安全生产许可证期满需要延期的，企业应于期满前三个月向原安全生产许可证颁发管理机关办理延期手续。安全生产许可证有效期满未办理延期手续，继续进行生产的，责令停止生产，限期补办延期手续，没收违法所得，并处罚款。而未规定企业安全生产许可证有效期满就不能办理延期许可手续。

　　本案中，烟花爆竹厂在安全生产许可证到期后向 B 省安监局邮寄了安全生产许可证延期申请，根据行政许可法的相关规定，行政许可申请可以通过信函等方式提出，故可认定原告于安全生产许可证满后向 B 省安监局提交了安全生产许可证延期申请。原告在安全生产许可证有效期满后向 B 省安监局提交延期许可申请仍可办理延期手续，B 省安监局应依法履行法定职责。原告的安全生产许可证延期许可申请是否准予属于行政机关履行行政职权的范畴，应由 B 省安监局依法审查后作出决定。

　　故原告诉请人民法院院判决 B 省安监局给其换发新的安全生产许可证，不属本案审查范围。据此，依照相关法律法规，经人民法院院审判委员会讨论决定，作出了驳回部分诉求，并由被告 B 省安全生产监督管理局对原告烟花爆竹厂的烟花爆竹安全生产许可证延期申请履行法定职责。

第四节 纤维制品、棉花质量监督管理

作为农业大国，我国的棉、麻、毛、绒、茧、丝等天然纤维的产量居世界第一。而棉花等天然纤维作为仅次于粮食的重要农产品，也是关系到国计民生的重要战略物资之一。随着我国经济的发展，传统产业不断升级，人民群众对纤维原料的安全要求也在不断提高。纤维质量监管工作面临着新的考验。为了加强絮用纤维制品质量监督管理，提高制品质量，保障人身健康安全，质检总局已于2016年2月3日局务会议审议通过《纤维制品质量监督管理办法》，该办法自2016年3月31日起已正式施行。

一、纤维制品质量监督管理

办法规定由质检总局主管全国纤维制品的质量监督工作，其所属的中国纤维检验局负责组织实施条例规定的质量监督工作。省、自治区、直辖市质量技术监督部门负责本行政区域内纤维制品质量监督工作。设有专业纤维检验机构的地方，由专业纤维检验机构在其管辖范围内对纤维制品质量实施监督；没有设立专业纤维检验机构的地方，由质量技术监督部门在其管辖范围内对纤维制品质量实施监督（地方质量技术监督部门和专业纤维检验机构统称纤维质量监督机构）。

相比于2006年发布的《絮用纤维制品质量监督管理办法》（已失效），此次修订主要针对保证质量安全、防止质量欺诈、整治标识乱象、加大生产过程的监管力度等方面。对于甲醛超标、pH值不合格、可致癌染料、染色牢度差，重金属超标等严重威胁消费者健康安全的质量问题；利用消费者缺少鉴别知识的短板，采用欺诈手法，严重损害消费者的利益等行为，均进行了具体明确的规范。

该办法的主要调整对象为絮用纤维制品、学生服、纺织面料三类产品以及生产、销售、在经营性服务或公益活动中使用的纤维制品。通过将纤维与纤维制品监管的有机结合，借鉴天然纤维的监管模式，发挥专业纤检机构的专业优势，加大对纤维制品的监管力度，形成从纤维到纤维制品的"全链条监管"新格局。

新修订的办法中还规定了生产者、销售者及在经营性服务或公益活动中使用者的质量义务。通过引导生产者改善生产条件，建立原辅材料进货验收记录等，推动企业落实产品质量责任。做好从原料进行把关，严格实行质量标识制度，对集团购买实行质量监控，对重点区域进行综合整治，适时依法监督检查，从而提高纤维制品质量，保障人身健康安全。

（一）纤维制品的质量要求

纤维制品质量应当符合以下要求：（1）不存在危及人身、财产安全的不合理危险，有保障人体健康和人身、财产安全的国家标准、行业标准的，应当符合该标准；

（2）具备产品应当具备的使用性能，但是，对产品存在使用性能的瑕疵作出说明的除外；（3）符合在产品或者其包装上注明采用的产品标准，符合以产品说明、实物样品等方式表明的质量状况。

（二）禁止生产、销售以及在经营性服务或者公益活动中使用的纤维制品

禁止生产、销售以及在经营性服务或者公益活动中使用下列纤维制品：（1）不符合保障人体健康和人身、财产安全的国家标准、行业标准的；（2）掺杂、掺假，以假充真，以次充好的；（3）以不合格产品冒充合格产品的；（4）伪造、冒用质量标志或者其他质量证明文件的；（5）伪造产地，伪造或者冒用他人的厂名、厂址的。

（三）禁止将用于加工制作絮用纤维制品的物质

禁止将下列物质用于加工制作絮用纤维制品：（1）医用纤维性废弃物；（2）使用过的殡葬用纤维制品；（3）来自传染病疫区无法证实其未被污染的纤维制品；（4）国家禁止进口的废旧纤维制品以及其他被有毒有害物质污染的纤维和纤维制品等物质；（5）国家规定的其他物质。

（四）不得作为生活用絮用纤维制品的填充物

不得将下列物质作为生活用絮用纤维制品的填充物：（1）被污染的纤维及纤维下脚；（2）废旧纤维制品或其再加工纤维；（3）二、三类棉短绒；（4）经脱色漂白处理的纤维下脚、纤维制品下脚、再加工纤维；（5）未洗净的动物纤维；（6）发霉变质的絮用纤维；（7）国家规定的其他物质。

（五）标识注意事项

纤维制品应当按照有关规定标注标识，包括：（1）产品质量检验合格证明；（2）生产者名称和地址；（3）产品名称、规格、等级、产品标准编号；（4）国家规定的其他内容。

生活用絮用纤维制品应当标注有符合国家标准规定要求的标识；其中以纤维制品下脚或其再加工纤维作为铺垫物或填充物原料的，应当按照规定在标识中对所用原料予以明示说明。

非生活用絮用纤维制品除依法标注标识外，应当按照国家规定在显著位置加注"非生活用品"警示。

学生服、纺织面料标识还应当包括：纤维成分、含量；安全类别。

（六）其他注意事项

不得将可能危及人体健康和人身安全的原辅材料用于生产纺织面料；织造、印染、整理等过程，不得使用对人体健康和人身安全存在不合理危险的染料、整理剂。

纤维制品生产者应当对用于生产的原辅材料进行进货检查验收和记录，保证符合相关质量要求。记录保存时限不少于两年。

生活用絮用纤维制品生产者应当对天然纤维、化学纤维及其加工成的絮片、垫毡等原辅材料进货检查验收和记录，验明原辅材料符合相关质量要求以及包装、标识等要求。

学生服原辅材料验收记录内容应当包括：（1）原辅材料名称、规格、数量、购进日期等；（2）供货者名称、地址、联系方式等。

纺织面料不能确定安全类别的，应当标注国家标准要求的甲醛含量、pH 值、色牢度、异味、可分解致癌芳香胺染料、重金属含量等理化检验指标。

二、棉花质量监督管理

（一）概述

纤检法规体系是我国质量监督法规体系的重要组成部分。纤维质量监督由于管理对象众多、流通环节复杂、产业链长等特点，区别于其他工业产品的质量监管工作，由此形成了纤检法规体系较强的专业性、实践性、科学性和整体性的特点。

1985年7月，《国务院关于加强专业纤维检验工作的通知》发布后，专业纤检机构联合其他职能部门，从小范围入手，规范棉花流通领域存在的一些严重问题。1988年底，由原国家技术监督局和国家物价局联合制定了《关于棉花购销经营中价格和标准违法行为的处罚实施办法》（已失效）。

2001年8月，国务院令公布实施《棉花质量监督管理条例》，并于2006年进行了修订。条例的正式颁布，表明棉花质量监督保障体制已基本建立。以《棉花质量监督管理条例》为母法，《茧丝质量监督管理办法》《茧丝流通管理办法》《麻类纤维质量监督管理办法》《避免在棉花采摘、交售、加工过程中混入异性纤维的暂行规定》《毛绒纤维质量监督管理办法》《棉花加工资格认定和市场管理暂行办法》等六件配套规章为支撑的纤检法规体系基本框架已经形成。同时，为了规范、细化纤维质量监督、公证检验、监督检查、行政执法工作，中纤局又发布实施了诸多规范性文件。

（二）棉花质量监督管理条例

《棉花质量监督管理条例》共五章三十九条，分别对棉花质量义务、棉花质量监督、罚则等方面进行了明确规定。

1.棉花经营者义务

要求棉花经营者收购棉花时必须建立、健全棉花收购质量检查验收制度，具备品级实物标准和棉花质量检验所必备的设备、工具。并按照国家标准和技术规范，排除异性纤维和其他有害物质后确定所收购棉花的类别、等级、数量，按其类别、等级分别置放，保证棉花质量。在加工和销售棉花的过程中，不得违反法律规定，不得伪造、变造、冒用棉花质量凭证、标识、公证检验证书、公证检验标志，不得将未经棉花质量公证检验的棉花作为国家储备棉入库、出库。

2.棉花质量监督

国家实行棉花质量公证检验制度，由专业纤维检验机构按照国家标准和技术规范，对棉花的质量、数量进行检验并出具公证检验证书。并由国务院质量监督检验检疫部门在全国范围内对经棉花质量公证检验的棉花组织实施监督抽验，省、自治区、直辖市人民政府质量监督部门在本行政区域内对经棉花质量公证检验的棉花组织实施监督抽验。对无需经公证检验的棉花，相关机构可以在棉花收购、加工、销售、承储的现场实施监督检查。如果棉花质量公证检验证书和公证检验标志与实物不相符，或专业纤维检验机构实施的棉花质量公证检验不客观、公正、及时，可由国务院质量监督检验检疫部门或者地方质量监督部门依法进行处分。

棉企销售棉花掺杂掺假的行政处罚案

被告A市质监局于2001年10月23日作出了行政处罚决定书，认定原告B棉花厂销售的棉花掺杂、掺假，违反了产品质量法的相关规定，并依据产品质量法对原告作出没收掺杂、掺假的棉花199包，计167640公斤；处违法货值金额2倍罚款，计268224元的行政处罚。

原告B棉花厂诉称：原告为棉花收购、加工、销售企业。2000年从C、D各地数位客商手中购进棉花，后在准备销售时发现其中部分棉花有质量问题，便将有质量问题的492件存在仓库以待加工，挑拣后处理。2001年8月，县质监局及被告联合检查时，原告已经如实告知上述情况。而被告却对原告一直存放待加工、挑拣的492件棉花错误认定为原告销售的棉花掺杂、掺假，作出了处罚决定。上述事实可见被告的行政处罚有以下违法之处：

（1）原告被骗购进的492件存在质量问题的棉花既没有加工，也没有更换包装，一直存放未售。因此被告认定原告销售的棉花掺杂、掺假无任何证据。

（2）被告依据产品质量法规定对原告进行处罚，而原告没有故意或过失地在产品中实施掺杂、掺假，显然被告的处罚决定适用法律错误。

（3）国务院于2001年8月3日公布施行了《棉花质量监督管理条例》，条例明确规定了棉花质量监督管理的执法主体应为专业纤维检验机构，因此，本案的查处应由省纤维检验局实施，而被告属超越职权。

（4）此案被告认定棉花货值达28万余元，假如被告认定事实及适用法律均正确，则应按照刑法，依刑诉程序移送县公安局刑事侦查，不得以行政处罚代替移送。

综上，被告的行政处罚认定事实错误且事实不清，证据不足，适用法律错误，超越职权，依法应予撤销。

释解

　　原告购买的棉花是经过加工、制作，用于销售的产品，根据产品质量法的规定，被告有权对原告销售的棉花产品的产品质量进行监督。同时，按照国务院《棉花质量监督管理条例》的规定，因该市没有设立专业纤维检验机构，因此，有质量监督部门在其管辖范围内对棉花质量实施监督。被告有权对涉嫌产品行使现场检查、调查及查封或扣押职权。棉花经营者从事棉花收购、加工、销售或承储等经营活动，应当按照国家有关规定取得资格认定；《国务院关于做好棉花工作及有关政策问题的通知》和《国家工商行政管理局关于严厉打击棉花经营中掺杂使假违法活动的通知》均规定，非棉花经营单位和个人，一律不得经营棉花。

　　本案中，原告经检验购买了无棉花经营资质，无棉花检验证书、无任何标识成品棉199包，首先就违反了上述有关规定；同时参照《国务院关于严厉打击在商品中掺杂使假的通知》中关于对收购、销售掺杂使假商品的，可使同掺杂使假行为处理。原告虽没将上述199包成品棉销售，但其收购了掺杂使假产品，可视同掺杂使假行为给予处理。综上，原告的行为违反了产品质量法第三十九条的规定，销售者销售产品，不得掺杂、掺假，不得以假充真、以次充好，不得以不合格产品冒充合格产品。被告对原告作出的行政处罚事实清楚，证据充分，适用法律正确，符合法定程序，应予维持。

第六章
通关检验检疫法律制度

　　随着对外贸易的发展，为了减少不必要的风险，严把国门，做好通关检验检疫工作尤为重要。我国的通关境检验检疫制度主要是指出于维护本国社会公共利益和进出口贸易有关各方的合法权益，以及防止人类传染病、动物传染病及寄生虫病、植物危险性病、虫、杂草等传入传出国境，保护农、林、牧、渔业生产和人体健康，促进对外贸易发展的目的所制定的对出入境人员、货物、交通运输工具等实施检验检疫的法律规范的总和。主要包括进出口商品检验法及其实施条例，进出境动植物检疫法及其实施条例，国境卫生检疫法及其实施细则，认证认可条例等法律法规。这些法律法规构成了我国通关检验检疫法律制度的基本框架。除此之外，如《进出口商品检验鉴定机构管理办法》等其他相关法律法规，我国签订的国际条约、政府间协定以及政府部门制定的相关规章等规范性文件，也是出入境检验检疫法律体系的有机组成部分。

第一节　进出口商品检验

　　近年来，进口商品渐渐走进大众消费的生活，出口商品日益增多。尤其在加入WTO后，如何更好的与国际接轨，适应国际市场的变化，成为我国进出口商品检验所要面临的大问题。为了加强进出口商品检验工作，规范进出口商品检验行为，维护社会公共利益和进出口贸易有关各方的合法权益，促进对外经济贸易关系的顺利发展，进出口商品检验法应运而生。

一、进出口商品检验法概述

1989年2月21日，七届全国人大常委会六次会议通过了进出口商品检验法，国家主席第14号令公布自1989年8月1日施行开始，我国的商检工作进入了法治管理的新阶段。规定了商检机构监督管理的内容和范围，对法定检验范围内的出口商品企业可派检验员参与监督出厂前的质量检验工作；对法定以外的进出口商品可以抽查检验，出口商品经抽查检验不合格的不准出口。明确商检机构和其指定的检验机构可以接受对外贸易关系人和外国检验机构的委托，办理进出口商品鉴定业务。

随着社会经济环境和国际环境的变化，进出口商品检验法至今已经过二次修正。第一次修正于2002年，现进出口商品检验法共六章，包括总则、进口商品的检验、出口商品的检验、监督管理、法律责任、附则。

二、进出口商品检验法的主要内容

（一）监管机构和职责

国务院设立进出口商品检验部门（以下简称国家商检部门），主管全国进出口商品检验工作。国家商检部门设在各地的进出口商品检验机构（以下简称商检机构）管理所辖地区的进出口商品检验工作。

商检机构和经国家商检部门许可的检验机构，依法对进出口商品实施检验。国家商检部门和商检机构的工作人员在履行进出口商品检验的职责中，对所知悉的商业秘密负有保密义务。

（二）进出口商品目录

1. 列入目录的进出口商品

进出口商品检验应当根据保护人类健康和安全、保护动物或者植物的生命和健康、保护环境、防止欺诈行为、维护国家安全的原则，由国家商检部门制定、调整必须实施检验的进出口商品目录（以下简称目录）并公布实施。

列入目录的进出口商品，由商检机构实施检验，未经检验的，不准销售、使用；未经检验合格的，不准出口。

2. 合格评定

必须实施的进出口商品检验，是指确定列入目录的进出口商品是否符合国家技术规范的强制性要求的合格评定活动。

合格评定程序包括：抽样、检验和检查；评估、验证和合格保证；注册、认可和批准以及各项的组合。

3. 强制性检验标准

列入目录的进出口商品，按照国家技术规范的强制性要求进行检验；尚未制定国家技术规范的强制性要求的，应当依法及时制定，未制定之前，可以参照国家商检部门指定的国外有关标准进行检验。

（三）进口商品的检验

必须经商检机构检验的进口商品的收货人或者其代理人，应当向报关地的商检机构报检。海关凭商检机构签发的货物通关证明验放。

应当在商检机构规定的地点和期限内，接受商检机构对进口商品的检验。商检机构应当在国家商检部门统一规定的期限内检验完毕，并出具检验证单。发现进口商品质量不合格或者残损短缺，需要由商检机构出证索赔的，应当向商检机构申请检验出证。

对重要的进口商品和大型的成套设备，收货人应当依据对外贸易合同约定在出口国装运前进行预检验、监造或者监装，主管部门应当加强监督；商检机构根据需要可以派出检验人员参加。

（四）出口商品的检验

必须经商检机构检验的出口商品的发货人或者其代理人，应当在商检机构规定的地点和期限内，向商检机构报检。商检机构应当在国家商检部门统一规定的期限内检验完毕，并出具检验证单。

必须实施检验的出口商品，海关凭商检机构签发的货物通关证明验放。经商检机构检验合格发给检验证单的出口商品，应当在商检机构规定的期限内报关出口；超过期限的，应当重新报检。

为出口危险货物生产包装容器的企业，必须申请商检机构进行包装容器的性能鉴定。生产出口危险货物的企业，必须申请商检机构进行包装容器的使用鉴定。使用未经鉴定合格的包装容器的危险货物，不准出口。

对装运出口易腐烂变质食品的船舱和集装箱，承运人或者装箱单位必须在装货前申请检验。未经检验合格的，不准装运。

（五）监督管理

1.抽查检验

商检机构对必须经商检机构检验的进出口商品以外的进出口商品，根据国家规定实施抽查检验。国家商检部门可以公布抽查检验结果或者向有关部门通报抽查检验情况。

商检机构根据便利对外贸易的需要，可以按照国家规定对列入目录的出口商品进行出厂前的质量监督管理和检验。

国家商检部门和商检机构依法对经国家商检部门许可的检验机构的进出口商品检验鉴定业务活动进行监督，可以对其检验的商品抽查检验。

2.认证管理

国家商检部门根据国家统一的认证制度，对有关的进出口商品实施认证管理。

商检机构可以根据国家商检部门同外国有关机构签订的协议或者接受外国有关

机构的委托进行进出口商品质量认证工作，准许在认证合格的进出口商品上使用质量认证标志。商检机构依法对实施许可制度的进出口商品实行验证管理，查验单证，核对证货是否相符。

3.加施商检标志或者封识

商检机构根据需要，对检验合格的进出口商品，可以加施商检标志或者封识。

进出口商品的报检人对商检机构作出的检验结果有异议的，可以向原商检机构或者其上级商检机构以至国家商检部门申请复验，由受理复验的商检机构或者国家商检部门及时作出复验结论。

4.权利救济

当事人对商检机构、国家商检部门作出的复验结论不服或者对商检机构作出的处罚决定不服的，可以依法申请行政复议，也可以依法向人民法院提起诉讼。

（六）法律责任

1.未经商检擅自销售或使用

将必须经商检机构检验的进口商品未报经检验而擅自销售或者使用的，或者将必须经商检机构检验的出口商品未报经检验合格而擅自出口的，由商检机构没收违法所得，并处货值金额百分之五以上百分之二十以下的罚款；构成犯罪的，依法追究刑事责任。

2.擅自从事进出口商品检验鉴定业务

未经国家商检部门许可，擅自从事进出口商品检验鉴定业务的，由商检机构责令停止非法经营，没收违法所得，并处违法所得一倍以上三倍以下的罚款。

3.伪劣商品进出口

进口或者出口属于掺杂掺假、以假充真、以次充好的商品或者以不合格进出口商品冒充合格进出口商品的，由商检机构责令停止进口或者出口，没收违法所得，并处货值金额百分之五十以上三倍以下的罚款；构成犯罪的，依法追究刑事责任。

4.伪造标识

伪造、变造、买卖或者盗窃商检单证、印章、标志、封识、质量认证标志的，依法追究刑事责任；尚不够刑事处罚的，由商检机构责令改正，没收违法所得，并处货值金额等值以下的罚款。

5.监管失职

国家商检部门、商检机构的工作人员违反法律规定，泄露所知悉的商业秘密的，依法给予行政处分，有违法所得的，没收违法所得；构成犯罪的，依法追究刑事责任。

国家商检部门、商检机构的工作人员滥用职权，故意刁难的，徇私舞弊，伪造检验结果的，或者玩忽职守，延误检验出证的，依法给予行政处分；构成犯罪的，依法追究刑事责任。

出境货物木质包装不合格被退运案

2009年7月，某进出口公司向国外出口若干集装箱装运的钢丝绳。公司新入职的装卸员工觉得此批货物重量大，为了方便客户之后卸货，在货物运出前，便在夹板盘上加钉了未进行除害处理、未加施IPPC标识的实木条。同时，该公司也未就该木质包装向当地检验检疫机构报检。货物到达目的国家后，该国海关在查验过程中发现包装物中混有实木包装，且未加施IPPC标识，强制将全部货物作退运处理。

根据《出境货物木质包装检疫处理管理办法》（国家质检总局第69号令），从2005年3月1日起，出境货物木质包装应当按照规定的检疫除害处理方法实施处理，并按要求加施IPPC专用标识。出境货物使用的木质包装不是获得检验检疫许可的处理单位生产并加施有效IPPC标识，发货人又不依法向检验检疫机构报检致使涉案木质包装出口的，属于未依法报检的违法行为。

本案中的进出口公司装卸工人在为对方着想的基础上加装实木条，并无主观故意。造成此不利后果主要是由于企业的内部管理不健全，岗位培训工作不到位，造成员工对木质包装相关法律法规不了解，操作不规范。

关于此案，商检部门依据进出境动植物检疫法实施条例的相关规定，对该公司处以相应的罚款。

柴油从保税区输往境内非保税区应当检验

2009年12月21日，某公司向检验检疫部门办理了一批1000吨柴油的检验手续，该批柴油储存在某保税罐中。12月26日，该公司在未经检验检疫部门重新检验的情况下，擅自将其中494.219吨柴油从保税罐中提出，调运至A地某公司。

保税区是经国务院批准设立，海关实施特殊监管，我国目前开放度和自由度最大的经济区域。保税区具有"境内关外"的特点。由于其"身处境内"，对于涉及安全、卫生、健康、环保等项目的货物从境外进入保税区时，如属于卫生检疫和动植物检疫范围的，应当实施卫生检疫和动植物检疫；如属于用做原料的固体废物、旧机电产品、成套设备的，则应当实施检验和监管。由于其"形同关外"，从境外进入保税区时，一般货物不需要进行商品检验；但如果从保税区输往境内非保税区，属于食品卫生监督检验和商品检验范围的货物，如同境外进入境内，应当实施检验。

本案中，柴油是从保税区输往境内非保税区，属于应当实施检验的范围。该公司虽已报检，但在检验检疫部门进行重新检验之前擅自将部分柴油调运，属于违法行为。检验检疫部门应根据进出口商品检验法的规定，将必须经商检机构检验的进口商品未报经检验而擅自销售或者使用的，或者将必须经商检机构检验的出口商品未报经检验合格而擅自出口的，由商检机构没收违法所得，并处货值金额百分之五以上百分之二十以下的罚款；构成犯罪的，依法追究刑事责任，对该公司实施行政处罚。

第二节　进出境动植物检疫

检疫是一种手段，有效监管是最终目的。在出入国境时，由于动植物本身会携带细菌、病菌等危害元素，所以，为防止动物传染病、寄生虫病和植物危险性病、虫、杂草以及其他有害生物传入、传出国境，保护农、林、牧、渔业生产和人体健康，促进对外经济贸易的发展，相关部门制定了进出境动植物检疫法。

一、检疫对象

根据进出境动植物检疫法及其实施条例规定，出入境检验检疫机构依法实施动植物检疫的范围，包括：（1）进境、出境、过境的动植物、动植物产品和其他检疫物；（2）装载动植物、动植物产品和其他检疫物的装载容器、包装物、铺垫材料；（3）来自动植物疫区的运输工具；（4）进境拆解的废旧船舶；（5）有关法律、行政法规、国际条约规定或者贸易合同约定应当实施进出境动植物检疫的其他货物、物品。

二、进出境动植物检疫管理

1991年，全国人大常委会审议通过进出境动植物检疫法。进出境动植物检疫法共八章，并于2009年十一届全国人大常委会十次会议《全国人民代表大会常务委员会关于修改部分法律的决定》进行修正。其主要内容为：

（一）进出境动植物检疫制度，

围绕进出境动植物检疫范围，进出境动植物检疫法规定了一系列的检疫制度，主要包括检疫审批制度、检疫报检制度、现场检疫制度、隔离检疫制度、调离检疫批准制度、检疫放行制度、废弃物处理制度、检疫监督制度、检疫收费制度等。针对上述制度，相关机构还制定了一系列的法律法规、规章制度。如，《进境动植物检疫审批管理办法》《国家质量监督检验检疫总局关于修改〈进境动植物检疫审批管理办法〉的决定》等。

（二）监管方式

1. 监管机构

主管进出境动植物检疫的机构为国务院设立的动植物检疫机关，由其统一管理全国进出境动植物检疫工作。国务院农业行政主管部门主管全国进出境动植物检疫工作。国家动植物检疫机关在对外开放的口岸和进出境动植物检疫业务集中的地点设立的口岸动植物检疫机关，依照相关法律规定实施进出境动植物检疫。对于贸易性动物产品出境的检疫机关，则由国务院根据情况而定。

2. 监管职权

口岸动植物检疫机关在实施检疫时可以行使下列职权：（1）依照进出境动物疫法规定登船、登车、登机实施检疫；（2）进入港口、机场、车站、邮局以及检疫物的存放、加工、养殖、种植场所实施检疫，并依照规定采样；（3）根据检疫需要，进入有关生产、仓库等场所，进行疫情监测、调查和检疫监督管理；（4）查阅、复制、摘录与检疫物有关的运行日志、货运单、合同、发票以及其他单证。

3. 国家禁止进境的事项

国家禁止下列各物进境：（1）动植物病原体（包括菌种、毒种等）、害虫及其他有害生物；（2）动植物疫情流行的国家和地区的有关动植物、动植物产品和其他检疫物；（3）动物尸体；（4）土壤。口岸动植物检疫机关发现有前款规定的禁止进境物的，作退回或者销毁处理．因科学研究等特殊需要引进本条第一款规定的禁止进境物的，必须事先提出申请，经国家动植物检疫机关批准。

三、进出境动植物检疫内容

（一）进境检疫

输入动物、动物产品、植物种子、种苗等其他繁殖材料的，必须事先提出申请，办理检疫审批手续。通过贸易、科技合作、交换、赠送、援助等方式输入动植物、动植物产品和其他检疫物的，应当在合同或者协议中订明中国法定的检疫要求，并订明必须附有输出国家或者地区政府动植物检疫机关出具的检疫证书。

（1）输入动植物、动植物产品和其他检疫物，应当在进境口岸实施检疫。未经口岸动植物检疫机关同意，不得卸离运输工具。

（2）输入动植物、动植物产品和其他检疫物，经检疫合格的，准予进境；海关凭口岸动植物检疫机关签发的检疫单证或者在报单上加盖的印章验放。

（3）输入动植物、动植物产品和其他检疫物，需调离海关监管区检疫的，海关凭口岸动植物检疫机关签发的《检疫调离通知单》验放。

（4）输入动物，经检疫不合格的，由口岸动植物检疫机关签发《检疫处理通知单》，通知货主或者其代理人作如下处理：检出一类传染病、寄生虫病的动物，连同其同群动物全群退回或者全群扑杀并销毁尸体；检出二类传染病、寄生虫病的动物，退回或者扑杀，同群其他动物在隔离场或者其他指定地点隔离观察。

（5）输入动物产品和其他检疫物经检疫不合格的，由口岸动植物检疫机关签发《检疫处理通知单》，通知货主或者其代理人作除害、退回或者销毁处理。经除害处理合格的，准予进境。

（6）输入植物、植物产品和其他检疫物，经检疫发现有植物危险性病、虫、杂草的，由口岸动植物检疫机关签发《检疫处理通知单》，通知货主或者其代理人作除害、退回或者销毁处理。经除害处理合格的，准予进境。

（二）出境检疫

货主或者其代理人在动植物、动植物产品和其他检疫物出境前，向口岸动植物检疫机关报检。出境前需经隔离检疫的动物，在口岸动植物检疫机关指定的隔离场所检疫。输出动植物、动植物产品和其他检疫物，由口岸动植物检疫机关实施检疫，经检疫合格或者经除害处理合格的，准予出境；海关凭口岸动植物检疫机关签发的检疫证书或者在报关单上加盖的印章验放。检疫不合格又无有效方法作除害处理的，不准出境。

经检疫合格的动植物、动植物产品和其他检疫物，有下列情形之一的，货主或者其代理人应当重新报检：（1）更改输入国家或者地区，更改好的输入国家或者地区又有不同检疫要求的；（2）改换包装或者原未拼装后来拼装的；（3）超过检疫规定有效期的。

（三）过境检疫

要求运输动物过境的，必须事先商得中国国家动植物检疫机关同意，并按照指定的口岸和路线过境。装载过境动物的运输工具、装载容器、饲料和铺垫材料，必须符合中国动植物检疫的规定。

运输动植物、动植物产品和其他检疫物过境的，由承运人或者押运人持货运单和输出国家或者地区政府动植物检疫机关出具的检疫证书，在进境时向口岸动植物检疫机关报检，出境口岸不再检疫。

过境的动物经检疫合格的，准予过境；发现有国家禁止入境所列的动物传染病、寄生虫病的，全群动物不准过境。

过境动物的饲料受病虫害污染的，作除害、不准过境或者销毁处理。

过境的动物的尸体、排泄物、铺垫材料及其他废弃物，必须按照动植物检疫机关的规定处理，不得擅自抛弃。动植物、动植物产品和其他检疫物过境期间，未经动植物检疫机关批准，不得开拆包装或者卸离运输工具。

（四）携带、邮寄物检疫

携带、邮寄植物种子、种苗以及其他繁殖材料进境的，必须事先提出申请，办理检疫审批手续。携带、邮寄国家禁止入境所列的动植物、动植物产品和其他检疫物进境的，作退回或者销毁处理。携带动物进境的，必须持有输出国家或者地区的检疫证书等证件。

邮寄依法可以入境动植物、动植物产品和其他检疫物进境的，由口岸动植物检疫机关在国际邮件互换局实施检疫，必要时可以取回口岸动植物检疫机关检疫；未经检疫不得运递。邮寄进境的动植物、动植物产品和其他检疫物，经检疫或者除害处理合格后放行；经检疫不合格又无有效方法作除害处理的，作退回或者销毁处理，并签发《检疫处理通知单》。

（五）运输工具检疫

来自动植物疫区的船舶、飞机、火车抵达口岸时，由口岸动植物检疫机关实施检疫。发现有法律规定的病虫害的，作不准带离运输工具、除害、封存或者销毁处理。进境的车辆，由口岸动植物检疫机关作防疫消毒处理。进出境运输工具上的泔水、动植物性废弃物，依照口岸动植物检疫机关的规定处理，不得擅自抛弃。装载出境的动植物、动植物产品和其他检疫物的运输工具，应当符合动植物检疫和防疫的规定。

四、法律责任

（一）行政责任

违反进出境检验检疫法规定，有下列行为之一的，由口岸动植物检疫机关处以罚款：（1）未报检或者未依法办理检疫审批手续的；（2）未经口岸动植物检疫机关许可擅自将进境动植物、动植物产品或者其他检疫物卸离运输工具或者运递的；（3）擅自调离或者处理在口岸动植物检疫机关指定的隔离场所中隔离检疫的动植物的。

报检的动植物、动植物产品或者其他检疫物与实际不符的，由口岸动植物检疫机关处以罚款；已取得检疫单证的，予以吊销。

擅自开拆过境动植物、动植物产品或者其他检疫物的包装的，擅自将过境动植物、动植物产品或者其他检疫物卸离运输工具的，擅自抛弃过境动物的尸体、排泄物、铺垫材料或者其他废弃物的，由动植物检疫机关处以罚款。

引起重大动植物疫情的，依照刑法有关规定追究刑事责任。

伪造、变造检疫单证、印章、标志、封识，依照刑法有关规定追究刑事责任。

（二）救济途径

当事人对动植物检疫机关的处罚决定不服的，可以在接到处罚通知之日起十五日内向作出处罚决定的机关的上一级机关申请复议；当事人也可以在接到处罚通知之日起十五日内直接向人民法院起诉。

复议机关应当在接到复议申请之日起六十日内作出复议决定。当事人对复议决定不服的，可以在接到复议决定之日起十五日内向人民法院起诉。复议机关逾期不作出复议决定的，当事人可以在复议期满之日起十五日内向人民法院起诉。

当事人逾期不申请复议也不向人民法院起诉、又不履行处罚决定的，作出处罚决定的机关可以申请人民法院强制执行。

（三）刑事责任

动植物检疫机关检疫人员滥用职权，徇私舞弊，伪造检疫结果，或者玩忽职守，延误检疫出证，构成犯罪的，依法追究刑事责任；不构成犯罪的，给予行政处分。

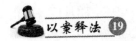

蔡某逃避海关监管，走私螺壳产品

2004年3月，时任某工艺厂厂长的邱某从其朋友黄某处得知A公司负责人蔡某、戴某可以帮其进口螺壳。经电话联系，邱某赴厦门与戴某、蔡某见面，提出从菲律宾进口冠螺等贝类货物的想法。因某工艺厂没有进出口经营权，且冠螺系需要办理濒危动物进口许可证的国家重点保护动物，便要求A公司代理进口。蔡某、戴某同意代理进口，并由历某具体办理。随后，邱、戴二人商定，邱某以支付通关费3.5万元的价格委托被告人戴某负责将此批货物报关进口。

同年7、8月间，邱某以1.55万美元的价格通过台湾商人张某从菲律宾组织收购了冠螺、面包螺、六角螺等各种螺壳及其他产品一批。随后，邱某通过电话告知戴某，让历某准备进口手续。为达到向海关隐瞒走私冠螺入境的目的，戴某让邱某通知菲律宾供货方按其持有的一份《非进出口野生动物物种商品目录物种证明》上所列的物种品名虚填货物品名。邱某即将情况告知张某，让其在传真给戴某用于报关的有关合同、清单、提单等单证上，将实为濒危物种的冠螺虚填为红螺鼠壳、蓝螺壳、瓜螺壳、花麦螺等非濒危物种。同年9月12日，该批货物从菲律宾运抵某地码头。9月13日，戴某以A公司名义委托B代理公司代理报关，并报送了相关虚假单证，将该批货物谎报成红螺鼠壳、蓝螺壳、瓜螺壳、花麦螺壳等。9月15日，海关关员在对该批货物进行抽检中，由于对螺壳种类不熟悉无法作出判断，便要求A公司来人前来解释。蔡某按戴某的安排赶到查验现场，进行虚假解释，将被抽检的冠螺说成红螺鼠壳，致使海关在对该批货物征收7297.36元税款后予以放行。

海关放行后，戴某通知邱某支付通关费，并称海关开箱验了货，因有工艺品，需要补交3000元的税款。邱某同意后，便叫妻子颜某将人民币3.8万元汇入蔡某的一个账户。蔡某将款取出后交给戴某。戴某以人民币1000元委托某商贸发展有限公司将该集装箱运至某港码头，开封后把该批货物全部转卸到邱某租赁的集装箱班轮公司的集装箱内，并装船运至港口，再转运至邱某。在交付过程中，该集装箱被海口海关缉私局查获，当场从箱内缴获冠螺壳446箱，共计6241个，面包螺、六角螺等其他海产品一批。经鉴定，该批冠螺系《国家重点保护野生动物名录》中国家二级保护动物，共计6241个，总价值120208元；其余海产品均不属保护动物，涉嫌偷逃应缴税款38673.58元。

邱某、戴某、蔡某逃避海关监管，采取谎报品名的方式，实施走私行为，但走私行为发生后，濒危物种进出口管理办公室和海关总署于2004年12月17日发布《国家濒管办海关总署2004年第3号公告》称进出口野生动植物种商品目录，证实从2005年1月1日起在进口环节，已经不再将冠螺列入限制商品之列，无需办理濒危野生动植物种允许进出口证明书，冠螺已被视为普通货物，按刑法从旧兼从轻的运用原则，邱某等三人的行为已不能被认定为走私珍贵动物犯罪。

第三节 国境口岸食品卫生监督管理

保证出口产品质量，维护中国商品国际形象，是出入境检验检疫工作的主要目的。近年来，由于国内的食品安全事故影响颇大，进口食品仿佛被人们贴上了"安全"标签，部分消费者将目光投向了国际市场。为进一步规范进出口食品监管工作，保证进口食品的安全，相关主管机构制定了诸多法律规范。

一、关于《出入境口岸食品卫生监督管理规定》的修改

为适应形势发展及其他法律法规的变化，根据国务院取消和下放行政审批项目的决定，质检总局适时对《出入境口岸食品卫生监督管理规定》作出了修改。主要包括对法律法规名称的修改，如将规章名称修改为《国境口岸食品卫生监督管理规定》；将第一条中的《中华人民共和国食品卫生法》修改为《中华人民共和国食品安全法》及其实施条例》；对正文表述的修改，如，将正文中的"出入境口岸"统一修改为"国境口岸"；将《中华人民共和国国境口岸食品生产经营单位卫生许可证》修改为《中华人民共和国国境口岸卫生许可证》，等等。

此次修改删去第四条第一款中的"对在出入境口岸内以及出入境交通工具上的食品、饮用水从业人员实行健康许可管理"，删去第九条中的"（四）从业人员《健康证明书》和卫生知识培训合格证明"，并将《卫生许可证》的有效期从1年延长至4年，对A级单位由每月监督1次改至每6个月不少于1次等，这都无形中提高了工作效率，减少了不必要的麻烦。

此次修改还增加了"从业人员每年必须进行健康检查，取得健康证明。新参加工作和临时参加工作的从业人员上岗前必须进行健康检查"；"在确保口岸食品安全的基础上，可以依据风险分析，分级分类管理的原则，采用随机抽查的方式进行监督检查，监督频次应当符合要求"等内容。

二、国境口岸食品卫生监督管理规定

《出入境口岸食品卫生监督管理规定》于2005年12月31日质检总局局务会议审议通过，自2006年4月1日起施行。后于2015年11月6日由质检总局局务会议审议通过《国家质量监督检验检疫总局关于修改〈出入境口岸食品卫生监督管理规定〉的决定》，自公布之日起施行。

（一）概述

1.适用范围

适用于对在国境口岸从事食品生产经营单位以及为出入境交通工具提供食品、饮用水服务的口岸食品生产经营单位（以下简称食品生产经营单位）的卫生监督管理。

2.监管机构

质检总局主管全国国境口岸食品卫生监督管理工作。国家质检总局设在各地的出入境检验检疫机构（以下简称检验检疫机构）负责本辖区国境口岸食品卫生监督管理工作。

（二）卫生许可管理制度

检验检疫机构对食品生产经营单位实行卫生许可管理。食品生产经营单位在新建、扩建、改建时应当接受其所在地检验检疫机构的卫生监督。食品生产经营单位从事口岸食品生产经营活动前，应当向其所在地检验检疫机构申请办理《卫生许可证》)。

1.许可条件

申请《卫生许可证》的食品生产经营单位应当具备以下卫生条件：（1）具备与食品生产经营活动相适应的经营场所、卫生环境、卫生设施及设备；（2）餐饮业应当制定符合餐饮加工、经营过程卫生安全要求的操作规范以及保证所加工、经营餐饮质量的管理制度和责任制度；（3）具有健全的卫生管理组织和制度；（4）从业人员未患有有碍食品卫生安全的传染病；（5）从业人员具备与所从事的食品生产经营工作相适应的食品卫生安全常识。

2.申请程序

（1）申请材料。食品生产经营单位在申请办理《卫生许可证》时，须向检验检疫机构提交以下材料：《卫生许可证》申请书；《营业执照》复印件；内部卫生管理组织、制度和机构资料；生产经营场所平面图和生产工艺流程图；生产原料组成成份、生产设备资料、卫生设施和产品包装材料说明；食品生产单位提交生产用水卫生检验报告；产品卫生标准、产品标识，生产产品的卫生检验结果以及安全卫生控制措施；其他需要提交的有关资料。

（2）审核。检验检疫机构按规定要求对申请材料进行审核，确定材料是否齐全、是否符合有关规定要求，作出受理或者不受理的决定，并出具书面凭证。对提交的材料不齐全或者不规范的，应当当场或者在受理后5日内一次告知申请人补正。逾期不告知的，自收到申请材料之日起即为受理。

（3）决定。检验检疫机构根据材料审核、现场考核及评分的结果，自受理之日起20日内，对食品生产经营单位作出准予许可或者不予许可的决定（现场考核时间除外，现场考核时间最长不超过1个月），并应当自作出决定之日起10日内向申请人颁发或者送达卫生许可证件。

（4）续展。《卫生许可证》有效期为4年。食品生产经营单位需要延续《卫生许可证》有效期的，应当在《卫生许可证》期满前30日内向检验检疫机构提出申请。

（5）变更申报。在《卫生许可证》有效期内，食品生产经营单位变更生产经营项目、变更法人、变更单位名称、迁移厂址、改建、扩建、新建项目时，应当向作出卫生许可决定的检验检疫机构申报。

（6）注销。食品生产经营单位在停业时，应当到作出卫生许可决定的检验检疫机构办理注销手续，缴销《卫生许可证》。

三、食品卫生监督管理

检验检疫机构根据法律、法规、规章以及卫生规范的要求对食品生产经营单位进行监督检查，监督检查主要包括：（1）卫生许可证、从业人员健康证及卫生知识培训情况；（2）卫生管理组织和管理制度情况；（3）环境卫生、个人卫生、卫生设施、设备布局和工艺流程情况；（4）食品生产、采集、收购、加工、贮存、运输、陈列、供应、销售等情况；（5）食品原料、半成品、成品等的感官性状及食品添加剂使用情况以及索证情况；（6）食品卫生检验情况；（7）对食品的卫生质量、餐具、饮具及盛放直接入口食品的容器进行现场检查，进行必要的采样检验；（8）供水的卫生情况；（9）使用洗涤剂和消毒剂的卫生情况；（10）医学媒介生物防治情况。

四、罚则

（一）口岸食品生产经营单位的行政责任

口岸食品生产经营单位有下列情况之一的，检验检疫机构依照国境卫生检疫法及其实施细则、食品安全法及其实施条例等法律法规的相关规定予以行政处罚：（1）未取得《卫生许可证》或者伪造《卫生许可证》从事食品生产经营活动的；（2）涂改、出借《卫生许可证》的；（3）允许未取得健康证明的从业人员上岗的，或者对患有有碍食品卫生安全的传染病的从业人员不按规定调离的；（4）拒不接受检验检疫机构卫生监督的；（5）其他违反法律法规或者有关规定的。

（二）从业人员的行政责任

从业人员有下列情况之一的，由检验检疫机构依照国境卫生检疫法及其实施细则、食品安全法及其实施条例等法律法规的相关规定予以行政处罚：（1）未取得健康证明而从事食品生产经营活动的；（2）伪造体检报告的；（3）其他违反法律法规或者有关规定的。

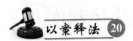

进口调味品未经检验销售行政处罚案

2006年10月9日，B公司在某局报检了一批从日本进口的调味品，数量为100箱，重量为900千克，货值1800美元。10月17日取样检验。在10月25日日常监管时发现该批货物在未经检验完毕的情况下已被使用了11箱。

B公司的行为违反了进出口商品检验法实施条例关于"法定检验的进口商品未经检验的，不准销售，不准使用"的规定。根据进出口商品检验法实施条例第四十五条关于"销售、使用经法定检验、抽查检验或者验证不合格的进口商品，或者出口经法定检验、抽查检验或者验证不合格的商品的，由出入境检验检疫机构责令停止销售、使用或者出口，没收违法所得和违法销售、使用或者出口的商品，并处违法销售、使用或者出口的商品货值金额等值以上3倍以下罚款；构成犯罪的，依法追究刑事责任。"的规定，执法人员对B公司应实施相应的处罚。

第七章
特种设备安全管理法律制度

特种设备，是指涉及生命安全、危险性较大的锅炉、压力容器（含气瓶，下同）、压力管道、电梯、起重机械、客运索道、大型游乐设施和场（厂）内专用机动车辆。其中锅炉、压力容器（含气瓶）、压力管道为承压类特种设备；电梯、起重机械、客运索道、大型游乐设施为机电类特种设备。它已被广泛使用于经济建设和人民生活的各个领域，关系人民群众的切身利益。我国特种设备具有设备特、技术专，种类多、分布广，数量大、增长快等基本特点。鉴于特种设备的危险性及在各领域的重要性、特殊性，也为保障特种设备的安全运行，国家对各类特种设备，从其生产、使用、检验检测三个环节进行了较为严格的规定，实行全程监管。进一步防止和减少事故，保障人民群众生命和财产安全。

第一节　特种设备安全

特种设备作为重要的社会生产资料，在各个领域发挥着重要作用。特种设备一旦发生事故多为重大事故，造成不可估量的损失。做好安全监察，及时应对，是保障特种设备有效运行的手段之一。

一、安全监察

（一）安全监察

特种设备的安全监察属于公共安全的重要组成部分。随着社会和政府对特种设备的关注，特种设备安全的监管体制正在逐步建立、完善。为了加强特种设备安全工作，预防特种设备事故，保障人身和财产安全，促进经济社会发展，特种设备安全法已由十二届全国人大常委会三次会议于2013年6月29日通过，自2014年1月1日起施行。

（二）特种设备安全监察体系

1. 安全监察主体

国务院负责特种设备安全监督管理的部门对全国特种设备安全实施监督管理。县级以上地方各级人民政府负责特种设备安全监督管理的部门对本行政区域内特种设备安全实施监督管理。

2. 主要职责

国务院和地方各级人民政府领导特种设备安全工作，督促各有关部门依法履行监督管理职责。而县级以上地方各级人民政府应当建立协调机制，及时协调、解决特种设备安全监督管理中存在的问题。

3. 安全监察手段

（1）法律方面，在现行法律中，有诸多内容涉及特种设备的安全监管问题，构成了一个比较全面的监察模式。所涉及的领域将涵盖从事锅炉、压力容器、电梯、压力管道、大型游乐设施、起重机械、客运索道、大型游乐设施等特种设备的设计、制造、销售、安装、使用、检验、维修、改造等各项活动。

（2）技术方面，特种设备安全法明确规定，特种设备生产、经营、使用、检验、检测应当遵守有关特种设备安全技术规范及相关标准，即国家标准、行业标准和企业标准。同时由负责特种设备安全监督管理的部门加强特种设备安全宣传教育，普及特种设备安全知识，增强社会公众的特种设备安全意识。

（3）行政方面，即行政许可。特种设备行政许可包括市场准入制度和设备准入制度两种。市场准入制度主要面向设计、制造特种设备的单位，推行资格许可；设备的准入制度则是指新装特种设备在使用前或使用后的注册登记。实行审（查）、批（准）分离，审（批）、监（督）分离，做到依法行政。

（4）行业自律方面，特种设备安全法第九条规定，特种设备行业协会应当加强行业自律，推进行业诚信体系建设，提高特种设备安全管理水平。

二、特种设备检验、检测

特种设备安全法共七章一百零一条，分别对特种设备的生产、经营、使用，检验、检测，安全监督管理，事故应急救援与调查处理，法律责任等作了详细规定。

（一）检验检测资质

从事法律规定的监督检验、定期检验的特种设备检验机构，以及为特种设备生产、经营、使用提供检测服务的特种设备检测机构，应当具备下列条件，并经负责特种设备安全监督管理的部门核准，方可从事检验、检测工作：（1）有与检验、检测工作相适应的检验、检测人员；（2）有与检验、检测工作相适应的检验、检测仪器和设备；（3）有健全的检验、检测管理制度和责任制度。

特种设备检验、检测机构的检验、检测人员应当经考核，取得检验、检测人员资格，方可从事检验、检测工作。特种设备检验、检测机构及其检验、检测人员不得从事有关特种设备的生产、经营活动，不得推荐或者监制、监销特种设备。

特种设备检验、检测机构的检验、检测人员不得同时在两个以上检验、检测机构中执业；变更执业机构的，应当依法办理变更手续。

（二）检验检测要求

1. 按照安全技术规范的要求进行

特种设备检验、检测工作应当遵守法律、行政法规的规定，并按照安全技术规范的要求进行。

2. 客观、公正、及时地出具检验结果

特种设备检验、检测机构及其检验、检测人员应当依法为特种设备生产、经营、使用单位提供安全、可靠、便捷、诚信的检验、检测服务。

特种设备检验、检测机构及其检验、检测人员应当客观、公正、及时地出具检验、检测报告，并对检验、检测结果和鉴定结论负责。

3. 及时汇报、公布

特种设备检验、检测机构及其检验、检测人员在检验、检测中发现特种设备存在严重事故隐患时，应当及时告知相关单位，并立即向负责特种设备安全监督管理的部门报告。

负责特种设备安全监督管理的部门应当组织对特种设备检验、检测机构的检验、检测结果和鉴定结论进行监督抽查，但应当防止重复抽查。监督抽查结果应当向社会公布。

三、检验检测监督管理

负责特种设备安全监督管理的部门依照法律规定，对特种设备生产、经营、使用单位和检验、检测机构实施监督检查。

（一）重点安全监督检查

负责特种设备安全监督管理的部门应当对学校、幼儿园以及医院、车站、客运码头、商场、体育场馆、展览馆、公园等公众聚集场所的特种设备，实施重点安全监督检查。

（二）行政许可

负责特种设备安全监督管理的部门实施特种设备安全法规定的许可工作，应当依照特种设备安全法和其他有关法律、行政法规规定的条件和程序以及安全技术规范的要求进行审查；不符合规定的，不得许可。负责特种设备安全监督管理的部门在办理许可时，其受理、审查、许可的程序必须公开，并应当自受理申请之日起三十日内，作出许可或者不予许可的决定；不予许可的，应当书面向申请人说明理由。

负责特种设备安全监督管理的部门对依法办理使用登记的特种设备应当建立完整的监督管理档案和信息查询系统；对达到报废条件的特种设备，应当及时督促特种设备使用单位依法履行报废义务。

（三）监管职权

负责特种设备安全监督管理的部门在依法履行监督检查职责时，可以行使下列职权：（1）进入现场进行检查，向特种设备生产、经营、使用单位和检验、检测机构的主要负责人和其他有关人员调查、了解有关情况；（2）根据举报或者取得的涉嫌违法证据，查阅、复制特种设备生产、经营、使用单位和检验、检测机构的有关合同、发票、账簿以及其他有关资料；（3）对有证据表明不符合安全技术规范要求或者存在严重事故隐患的特种设备实施查封、扣押；（4）对流入市场的达到报废条件或者已经报废的特种设备实施查封、扣押；（5）对违反特种设备安全法规定的行为作出行政处罚决定。

负责特种设备安全监督管理的部门在依法履行职责过程中，发现重大违法行为或者特种设备存在严重事故隐患时，应当责令有关单位立即停止违法行为、采取措施消除事故隐患，并及时向上级负责特种设备安全监督管理的部门报告。接到报告的负责特种设备安全监督管理的部门应当采取必要措施，及时予以处理。

对违法行为、严重事故隐患的处理需要当地人民政府和有关部门的支持、配合时，负责特种设备安全监督管理的部门应当报告当地人民政府，并通知其他有关部门。当地人民政府和其他有关部门应当采取必要措施，及时予以处理。

（四）监管要求

1. 监管人员资质、监管原则

负责特种设备安全监督管理的部门的安全监察人员应当熟悉相关法律、法规，具有相应的专业知识和工作经验，取得特种设备安全行政执法证件。

特种设备安全监察人员应当忠于职守、坚持原则、秉公执法。

2. 监管程序

特种设备安全监管程序：

（1）负责特种设备安全监督管理的部门实施安全监督检查时，应当有二名以上特种设备安全监察人员参加，并出示有效的特种设备安全行政执法证件。

（2）负责特种设备安全监督管理的部门对特种设备生产、经营、使用单位和检验、检测机构实施监督检查，应当对每次监督检查的内容、发现的问题及处理情况作出记录，并由参加监督检查的特种设备安全监察人员和被检查单位的有关负责人签字后归档。被检查单位的有关负责人拒绝签字的，特种设备安全监察人员应当将情况记录在案。

（3）负责特种设备安全监督管理的部门及其工作人员不得推荐或者监制、监销特种设备；对履行职责过程中知悉的商业秘密负有保密义务。

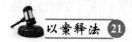

杂物电梯无安全检验合格标识被处罚案

2007年8月14日，A市质监局对位于A市的某公司P区分店使用的四台运送食物的杂物电梯进行检查，发现这些杂物电梯无安全检验合格标识，当即对其下达了《特种设备安全监督指令书》，要求该公司在2007年8月22日之前进行整改。2007年8月23日，市质监局对公司委派来的市场拓展部总监徐某作了调查笔录，查实该公司的这四台杂物电梯是2004年自行安装后投入使用的，未经特种设备安全监督管理部门许可，也未经过法定的检测机构检测合格，且系由该公司自行维修保养。之后，市质监局再次上门检查，发现该公司仍在使用这些电梯，遂于2007年9月10日又对该公司的市场拓展部总监徐某作了调查笔录，并于2007年9月18日向公司发出了《责令改正（更正）通知书》和另一份《特种设备安全监察指令书》，要求该公司立即停止使用并拆除这四台杂物电梯。2007年9月20日，公司向市质监局递交了1份报告，表示今后使用传菜设备会按照《特种设备安全监察条例》的规定，在报经质监部门许可并经过检验合格后投入使用。2007年10月10日，市质监局再次上门检查，发现该公司仍未拆除这四台杂物电梯。2007年10月16日，市质监局对某公司作出了行政处罚告知书，并于2007年10月22日送达给了该公司。2007年10月25日，公司向市质监局又递交了一份报告，表示因未联系好专业施工队伍才未拆除设备。2007年10月31日，公司提出了听证申请。2007年11月14日，市质监局召开了听证会，会上，公司以生意不好为由要求减轻处罚。2007年12月5日，市质监局对某公司作出了行政处罚决定书，并于2007年12月12日送达给了该公司。

释解

根据《特种设备安全监察条例》的规定，所谓电梯，是指动力驱动，利用沿刚性导轨运行的箱体或者沿固定线路运行的梯级（踏步），进行升降或者平行运送人、货物的机电设备，包括载人（货）电梯、自动扶梯、自动人行道等。该条例第二条还规定"所称特种设备是指涉及生命安全、危险性较大的锅炉、压力容器（含气瓶，下同）、压力管道、电梯、起重机械、客运索道、大型游乐设施和场（厂）内专用机动车辆"。

特种设备安全监督管理部门依照条例规定，对特种设备生产、使用单位和检验检测机构实施安全监察。被告 A 市质监局是 A 市特种设备安全监督管理部门，其有权对本行政区域内的特种设备实施安全监察，亦有权对特种设备的使用单位实施安全监察。

本案中，原告未经特种设备安全监察部门许可擅自安装使用电梯，且无安全技术资料，也未经过安全检验，违反了《特种设备安全监察条例》的相关规定，存在违法行为，被告依照《特种设备安全监察条例》规定的程序，在履行了法定告知义务和举行听证会之后，依据《特种设备安全监察条例》的相关规定对其作出相应处罚的行政行为，没有违反法律法规的规定。

第二节　检验检测机构核准和监管

安全监察是负责特种设备安全的政府行政机关为实现安全目的而从事的决策、组织、管理、控制和监督监察等活动的总和。作为特种设备使用环节的重点，特种设备现场安全监督检查是安全监察的主要内容，主要分为日常安全监督检查、定期监督检查和专项检查。安全监察的重点对象主要是使用特种设备的公众密集场所。由于特种设备的危险性大，发生事故容易影响公众安全。一旦在公众密集场所发生事故，必将造成严重的后果，如群死群伤等，因此必须将学校、幼儿园、车站、客运码头、商场、体育场馆、展览馆、公园等公众聚集场所的特种设备作为安全监察的重点。加强定期检查和日常的监督检查，建立安全责任制。

一、特种设备检验检测机构资格许可

（一）设定依据

从事法律规定的监督检验、定期检验、型式试验以及专门为特种设备生产、使用、检验检测提供无损检测服务的特种设备检验检测机构，应当经国务院特种设备安全监督管理部门核准。

从事法律规定的监督检验、定期检验的特种设备检验机构，以及为特种设备生产、经营、使用提供检测服务的特种设备检测机构，应当具备下列条件，并经负责特种设备安全监督管理的部门核准，方可从事检验、检测工作：（1）有与检验、检测工作相适应的检验、检测人员；（2）有与检验、检测工作相适应的检验、检测仪器和设备；（3）有健全的检验、检测管理制度和责任制度。

（二）许可条件

申请特种检验检测资格核准的机构应当具备下列基本条件：（1）取得法人资格（特种设备使用单位设立的检验检测机构除外），且从事监督检验的机构应当具有不以营利为目的的公益性事业法人资格；（2）有与检验检测相适应的检验检测人员、专业技术人员，单位负责人应当是专业工程技术人员，技术负责人应当具有检验师（或者工程师）以上持证资格；（3）有与承担的检验检测项目相适应的场地、设备、检测、试验手段；（4）有健全的质量管理体系和各项管理制度，并能有效运转；（5）有与检验检测工作相适应的安全技术规范、标准，并能认真执行；（6）能够保证检验检测质量符合特种设备安全技术规范的基本要求。

（三）许可程序

特种设备检验检测机构核准包括申请、受理、鉴定评审、审批、发证等程序。

（1）在申请方面，申请特种设备检验检测资格的机构应填写申请书，并向许可实施机关提出申请，并附法人资格证明复印件等相关材料。

（2）在受理方面，许可实施机关对申请材料进行审查，同意受理的在申请书上签署受理意见，返回申请单位。不同意受理的，向申请单位出具不予受理决定书。

（3）在鉴定评审方面，申请单位应当携带经批准受理的申请资料，约请鉴定评审机构进行现场实地鉴定评审。鉴定评审按照有关安全技术规范进行，鉴定评审机构在完成现场实地鉴定评审工作后，向许可实施机关出具鉴定评审报告。

（4）在审批、发证方面，许可实施机关经过审查，履行审批程序，符合条件的颁发《特种设备检验检测机构核准证》。不符合条件的，向申请机构出具不予许可决定书。

国家质检总局委托省级质量技术监督局负责受理、审批的许可项目，以国家质检总局名义颁发许可证。

二、特种设备监督检验及定期检验

基于特种设备事故的特点，为减少特种设备事故发生，加强特种设备监管力度，对特种设备监督检验及定期检验尤为重要。

（一）特种设备监督检验强制要求

1.未经检验合格不得出厂或交付使用

《特种设备安全监察条例》规定，锅炉、压力容器、压力管道元件、起重机械、大型游乐设施的制造过程和锅炉、压力容器、电梯、起重机械、客运索道、大型游乐设施的安装、改造、重大维修过程，必须经国务院特种设备安全监督管理部门核准的检验检测机构按照安全技术规范的要求进行监督检验；未经监督检验合格的不得出厂或者交付使用。

2.定期检验要求

（1）在有效期内提出。特种设备使用单位应当按照安全技术规范的定期检验要求，在安全检验合格有效期届满前1个月向特种设备检验检测机构提出定期检验要求。检验检测机构接到定期检验要求后，应当按照安全技术规范的要求及时进行安全性能检验和能效测试。未经定期检验或者检验不合格的特种设备，不得继续使用。

（2）隐患消除。特种设备出现故障或者发生异常情况，使用单位应当对其进行全面检查，消除事故隐患后，方可重新投入使用。特种设备不符合能效指标的，特种设备使用单位应当采取相应措施进行整改。

特种设备存在严重事故隐患，无改造、维修价值，或者超过安全技术规范规定使用年限，特种设备使用单位应当及时予以报废，并应当向原登记的特种设备安全监督管理部门办理注销。

（3）日常维护。特种设备使用单位应当对在用特种设备进行经常性日常维护保养，并定期自行检查。特种设备使用单位对在用特种设备应当至少每月进行一次自行检查，并作出记录。特种设备使用单位在对在用特种设备进行自行检查和日常维护保养时发现异常情况的，应当及时处理。特种设备使用单位应当对在用特种设备的安全附件、安全保护装置、测量调控装置及有关附属仪器仪表进行定期校验、检修，并作出记录。

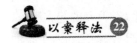

特种设备安全监察科科长玩忽职守造成事故案

2008年8月，A村村民孙某在村南筹建热处理厂，购买安装了桥式起重机（特种起重设备）违法使用，2009年1月1日，该厂起重机操作人员乔某（无特种行业操作人员上岗证）在违规操作起重机吊铁筐过程中，将该厂临时雇用的粉刷工人曹某压死。另有经领导指派分管此处相关监管工作的B镇经济办副主任肖某，其在日常寻验中未发现该厂的安全隐患。

被告人肖某虽然没有被正式任命为专职的安全生产监督管理人员，但是经领导分工指派，对安全生产进行监管是其实际工作的一部分，虽然事故发生企业具有一定的隐蔽性，但是被告人肖某曾到该处检查过，应当预料到该企业存在安全隐患。所以，被告人肖某身为国家机关工作人员，违反规章制度，不认真履行安全监管职责，造成一人死亡的安全事故，致使人民利益遭受重大损失，依照刑法相关规定，其行为已经构成玩忽职守罪。

伪造国家机关证件销售起重设备案

2009年6月，被告人刘某在没有取得国家颁发的《特种设备制造许可证》的情况下，伪造了该证件以及《特种设备安装改造维修许可证》《起重设备制造监督检验证书》《特种设备制造许可明细表》以及路桥设备厂营业执照等国家机关证件，并利用伪造的国家机关证件，向谭某销售了价值人民币173万元的起重设备。

 释解

2009年6月，被告人刘某在没有取得国家颁发的《特种设备制造许可证》的情况下，伪造了该证件以及《特种设备安装改造维修许可证》《起重设备制造监督检验证书》《特种设备制造许可明细表》以及路桥设备厂营业执照等国家机关证件，并利用伪造、变造的国家机关证件及印章向谭某销售了价值人民币173万元的起重设备。被告人刘某伪造、变造国家机关证件，扰乱了公共秩序，根据刑法第二百八十条的规定，其行为已构成伪造、变造、买卖国家机关公文、证件、印章罪，应依法追究刑事责任。

第三节 检验检测人员资格考核

特种设备安全监察工作具有较强的专业性、技术性，这要求检验检测人员具有一定的知识储备，在对相关特种设备的使用情况进行现场检查时，能作出其是否符合相关要求的判断。所以，根据相关法律法规，取得检验检测人员证书，方可从事检验检测工作。

一、检验检测人员资质考核

《特种设备安全监察条例》第四十四条规定，从事监督检验、定期检验、型式试验和无损检测的特种设备检验检测人员应当经国务院特种设备安全监督管理部门组织考核合格，取得检验检测人员证书，方可从事检验检测工作。检验检测人员从事检验检测工作，必须在特种设备检验检测机构执业，但不得同时在两个以上检验检测机构中执业。

特种设备法第五十一条规定，特种设备检验、检测机构的检验、检测人员应当经考核，取得检验、检测人员资格，方可从事检验、检测工作。

同时，法律还明确检验、检测人员应当依法为特种设备生产、经营、使用单位提供安全、可靠、便捷、诚信的检验、检测服务，对检验检测过程中知晓的商业秘密进行保密。不得利用检验工作故意刁难特种设备生产、经营、使用单位，一经投诉，相关部门会及时作出相应的调查处理。

二、申请条件

申请从事特种设备检验检测工作的人员，应当具备以下基本条件：（1）年龄在18周岁以上；（2）身体健康，满足检验检测工作对身体的特殊的要求；（3）有一定的文化程度；（4）有一定的技术职称；有与从事检验检测工作相适应的工作经历；（5）通过规定的专业技术理论和实际技能的考试，成绩合格。

三、考核机关

国家质检总局：高级检验师；检验师（初试）；氧舱、客运索道、大型游乐设施检验员；高级无损检测人员。

国家质检总局委托省级质量技术监督局负责实施：检验师（复试）；锅炉、压力容器、压力管道、电梯、起重机械检验员；中、初级无损检测人员。

四、许可程序

特种设备检验检测人员考核包括申请、受理、审批、发证等程序。

（一）申请

申请取得检验检测人员证件的申请人，应当向许可实施机关提交本人身份证（并提供复印件一份）；学历证明（并提供复印件一份）；县级医疗卫生部门的体检证明；考试登记表（或者申请书）；组织考核机构出具的考试成绩单。

（二）受理

许可实施机关对申请材料进行审查，同意受理的，在登记表（或者申请书）上签署意见；不同意受理的向申请人出具不予受理决定书。

（三）审批、发证

许可实施机关经过审查，履行审批程序，符合条件的颁发《特种设备检验检测人员证》（证、胸卡各一份）；不符合条件的向申请人出具不予许可决定书。

国家质检总局委托省级质量技术监督局负责受理、审批的许可项目，以国家质检总局名义颁发证件。

五、其他

考核组织机构接到申请人报名考试登记表（或者申请书）后，应当在30个工作日内告知申请人是否可以安排考试。考核工作结束后30个工作日内，考核组织机构应当将考核成绩单送交申请人，并通知受理、发证机关，并由受理机关在5个工作日内，作出是否受理的决定。审批、发证机关应当在20个工作日内，完成审批手续，在10个工作日内向申请人颁发相关人员证件或者不予许可决定。

特种设备检验检测人员的考试工作的组织，由国家质检总局或者省级质量技术监督局专门成立的考试委员会或者交由的检验检测机构、社团组织（以下统称考核组织机构）负责，并向社会公布。考试按照国家质检总局制定的检验检测人员考核规则等技术规范进行。

检验检测人员证件的有效期为4年，有效期满6个月前，应当按照相关程序重新申请考核换证。获得有效证件的人员，如工作单位发生变化，需要变更资格证件的，应当填写变更申请书，并出具相关证明，由发证机关变更证件。

第四节　事故预防和法律责任

一、事故预防和调查处理

（一）事故类型

1. 特别重大事故

有下列情形之一的，为特别重大事故：（1）特种设备事故造成30人以上死亡，或者100人以上重伤（包括急性工业中毒，下同），或者1亿元以上直接经济损失的；（2）600兆瓦以上锅炉爆炸的；（3）压力容器、压力管道有毒介质泄漏，造成15万人以上转移的；（4）客运索道、大型游乐设施高空滞留100人以上并且时间在48小时以上的。

2. 重大事故

有下列情形之一的，为重大事故：（1）特种设备事故造成10人以上30人以下死亡，或者50人以上100人以下重伤，或者5000万元以上1亿元以下直接经济损失的；（2）600兆瓦以上锅炉因安全故障中断运行240小时以上的；（3）压力容器、压力管道有毒介质泄漏，造成5万人以上15万人以下转移的；（4）客运索道、大型游乐设施高空滞留100人以上并且时间在24小时以上48小时以下的。

3. 较大事故

有下列情形之一的，为较大事故：（1）特种设备事故造成3人以上10人以下死亡，或者10人以上50人以下重伤，或者1000万元以上5000万元以下直接经济损失的；（2）锅炉、压力容器、压力管道爆炸的；（3）压力容器、压力管道有毒介质泄漏，造成1万人以上5万人以下转移的；（4）起重机械整体倾覆的；（5）客运索道、大型游乐设施高空滞留人员12小时以上的。

4. 一般事故

有下列情形之一的，为一般事故：（1）特种设备事故造成3人以下死亡，或者

10人以下重伤，或者1万元以上1000万元以下直接经济损失的；（2）压力容器、压力管道有毒介质泄漏，造成500人以上1万人以下转移的；（3）电梯轿厢滞留人员2小时以上的；（4）起重机械主要受力结构件折断或者起升机构坠落的；（5）客运索道高空滞留人员3.5小时以上12小时以下的；（6）大型游乐设施高空滞留人员1小时以上12小时以下的。

（二）事故预防和应急

特种设备安全监督管理部门应当制定特种设备应急预案。特种设备使用单位应当制定事故应急专项预案，并定期进行事故应急演练。

压力容器、压力管道发生爆炸或者泄漏，在抢险救援时应当区分介质特性，严格按照相关预案规定程序处理，防止二次爆炸。

特种设备事故发生后，事故发生单位应当立即启动事故应急预案，组织抢救，防止事故扩大，减少人员伤亡和财产损失，并及时向事故发生地县以上特种设备安全监督管理部门和有关部门报告。

县以上特种设备安全监督管理部门接到事故报告，应当尽快核实有关情况，立即向所在地人民政府报告，并逐级上报事故情况。必要时，特种设备安全监督管理部门可以越级上报事故情况。对特别重大事故、重大事故，国务院特种设备安全监督管理部门应当立即报告国务院并通报国务院安全生产监督管理部门等有关部门。

（三）事故调查

1. 调查机关

（1）特别重大事故由国务院或者国务院授权有关部门组织事故调查组进行调查。

（2）重大事故由国务院特种设备安全监督管理部门会同有关部门组织事故调查组进行调查。

（3）较大事故由省、自治区、直辖市特种设备安全监督管理部门会同有关部门组织事故调查组进行调查。

（4）一般事故由设区的市的特种设备安全监督管理部门会同有关部门组织事故调查组进行调查。

2. 备案

事故调查报告应当由负责组织事故调查的特种设备安全监督管理部门的所在地人民政府批复，并报上一级特种设备安全监督管理部门备案。

3. 处罚

有关机关应当按照批复，依照法律、行政法规规定的权限和程序，对事故责任单位和有关人员进行行政处罚，对负有事故责任的国家工作人员进行处分。

二、法律责任

（一）未经许可，擅自从事压力容器设计活动

未经许可，擅自从事压力容器设计活动的，由特种设备安全监督管理部门予以取缔，处5万元以上20万元以下罚款；有违法所得的，没收违法所得；触犯刑律的，对负有责任的主管人员和其他直接责任人员依照刑法关于非法经营罪或者其他罪的规定，依法追究刑事责任。

（二）未经检验检测机构鉴定，擅自用于制造

锅炉、气瓶、氧舱和客运索道、大型游乐设施以及高耗能特种设备的设计文件，未经国务院特种设备安全监督管理部门核准的检验检测机构鉴定，擅自用于制造的，由特种设备安全监督管理部门责令改正，没收非法制造的产品，处5万元以上20万元以下罚款；触犯刑律的，对负有责任的主管人员和其他直接责任人员依照刑法关于生产、销售伪劣产品罪、非法经营罪或者其他罪的规定，依法追究刑事责任。

按照安全技术规范的要求应当进行型式试验的特种设备产品、部件或者试制特种设备新产品、新部件，未进行整机或者部件型式试验的，由特种设备安全监督管理部门责令限期改正；逾期未改正的，处2万元以上10万元以下罚款。

（三）未经许可，擅自从事特种设备制造、安装、改造

未经许可，擅自从事锅炉、压力容器、电梯、起重机械、客运索道、大型游乐设施、场（厂）内专用机动车辆及其安全附件、安全保护装置的制造、安装、改造以及压力管道元件的制造活动的，由特种设备安全监督管理部门予以取缔，没收非法制造的产品，已经实施安装、改造的，责令恢复原状或者责令限期由取得许可的单位重新安装、改造，处10万元以上50万元以下罚款；触犯刑律的，对负有责任的主管人员和其他直接责任人员依照刑法关于生产、销售伪劣产品罪、非法经营罪、重大责任事故罪或者其他罪的规定，依法追究刑事责任。

（四）未按照安全技术规范的要求标识

特种设备出厂时，未按照安全技术规范的要求附有设计文件、产品质量合格证明、安装及使用维修说明、监督检验证明等文件的，由特种设备安全监督管理部门责令改正；情节严重的，责令停止生产、销售，处违法生产、销售货值金额30%以下罚款；有违法所得的，没收违法所得。

（五）未按要求维修或者日常维护保养

未经许可，擅自从事锅炉、压力容器、电梯、起重机械、客运索道、大型游乐设施、场（厂）内专用机动车辆的维修或者日常维护保养的，由特种设备安全监督管理部门予以取缔，处1万元以上5万元以下罚款；有违法所得的，没收违法所得；触犯刑律的，对负有责任的主管人员和其他直接责任人员依照刑法关于非法经营罪、

重大责任事故罪或者其他罪的规定，依法追究刑事责任。

锅炉、压力容器、电梯、起重机械、客运索道、大型游乐设施的安装、改造、维修的施工单位以及场（厂）内专用机动车辆的改造、维修单位，在施工前未将拟进行的特种设备安装、改造、维修情况书面告知直辖市或者设区的市的特种设备安全监督管理部门即行施工的，或者在验收后30日内未将有关技术资料移交锅炉、压力容器、电梯、起重机械、客运索道、大型游乐设施的使用单位的，由特种设备安全监督管理部门责令限期改正；逾期未改正的，处2000元以上1万元以下罚款。

（六）检验检测机构违法行为

已经取得许可、核准的特种设备生产单位、检验检测机构有下列行为之一的，由特种设备安全监督管理部门责令改正，处2万元以上10万元以下罚款；情节严重的，撤销其相应资格：（1）未按照安全技术规范的要求办理许可证变更手续的；（2）不再符合《特种设备安全监察条例》的规定或者安全技术规范要求的条件，继续从事特种设备生产、检验检测的；（3）未依照《特种设备安全监察条例》的规定或者安全技术规范要求进行特种设备生产、检验检测的；（4）伪造、变造、出租、出借、转让许可证书或者监督检验报告的。

（七）特种设备使用单位违法行为

特种设备使用单位有下列情形之一的，由特种设备安全监督管理部门责令限期改正；逾期未改正的，处2000元以上2万元以下罚款；情节严重的，责令停止使用或者停产停业整顿：（1）特种设备投入使用前或者投入使用后30日内，未向特种设备安全监督管理部门登记，擅自将其投入使用的；（2）未依照《特种设备安全监察条例》第二十六条的规定，建立特种设备安全技术档案的；（3）未依照条例的规定，对在用特种设备进行经常性日常维护保养和定期自行检查的，或者对在用特种设备的安全附件、安全保护装置、测量调控装置及有关附属仪器仪表进行定期校验、检修，并作出记录的；（4）未按照安全技术规范的定期检验要求，在安全检验合格有效期届满前1个月向特种设备检验检测机构提出定期检验要求的；（5）使用未经定期检验或者检验不合格的特种设备的；（6）特种设备出现故障或者发生异常情况，未对其进行全面检查、消除事故隐患，继续投入使用的；（7）未制定特种设备事故应急专项预案的；（8）未依照条例的规定，对电梯进行清洁、润滑、调整和检查的；（9）未按照安全技术规范要求进行锅炉水（介）质处理的；（10）特种设备不符合能效指标，未及时采取相应措施进行整改的。

特种设备使用单位使用未取得生产许可的单位生产的特种设备或者将非承压锅炉、非压力容器作为承压锅炉、压力容器使用的，由特种设备安全监督管理部门责令停止使用，予以没收，处2万元以上10万元以下罚款。

（八）特种设备检验检测机构违法

1.检验检测机构

特种设备检验检测机构，有下列情形之一的，由特种设备安全监督管理部门处2万元以上10万元以下罚款；情节严重的，撤销其检验检测资格：（1）聘用未经特种设备安全监督管理部门组织考核合格并取得检验检测人员证书的人员，从事相关检验检测工作的；（2）在进行特种设备检验检测中，发现严重事故隐患或者能耗严重超标，未及时告知特种设备使用单位，并立即向特种设备安全监督管理部门报告的。

2.出具虚假的检验检测结果

特种设备检验检测机构和检验检测人员，出具虚假的检验检测结果、鉴定结论或者检验检测结果、鉴定结论严重失实的，由特种设备安全监督管理部门对检验检测机构没收违法所得，处5万元以上20万元以下罚款，情节严重的，撤销其检验检测资格；对检验检测人员处5000元以上5万元以下罚款，情节严重的，撤销其检验检测资格，触犯刑律的，依照刑法关于中介组织人员提供虚假证明文件罪、中介组织人员出具证明文件重大失实罪或者其他罪的规定，依法追究刑事责任。

特种设备检验检测机构和检验检测人员，出具虚假的检验检测结果、鉴定结论或者检验检测结果、鉴定结论严重失实，造成损害的，应当承担赔偿责任。

3.违法生产、销售

特种设备检验检测机构或者检验检测人员从事特种设备的生产、销售，或者以其名义推荐或者监制、监销特种设备的，由特种设备安全监督管理部门撤销特种设备检验检测机构和检验检测人员的资格，处5万元以上20万元以下罚款；有违法所得的，没收违法所得。

特种设备检验检测机构和检验检测人员利用检验检测工作故意刁难特种设备生产、使用单位，由特种设备安全监督管理部门责令改正；拒不改正的，撤销其检验检测资格。

（九）安全监察人员渎职行为

特种设备安全监督管理部门及其特种设备安全监察人员，有下列违法行为之一的，对直接负责的主管人员和其他直接责任人员，依法给予降级或者撤职的处分；触犯刑律的，依照刑法关于受贿罪、滥用职权罪、玩忽职守罪或者其他罪的规定，依法追究刑事责任：（1）不按照条例规定的条件和安全技术规范要求，实施许可、核准、登记的；（2）发现未经许可、核准、登记擅自从事特种设备的生产、使用或者检验检测活动不予取缔或者不依法予以处理的；（3）发现特种设备生产、使用单位不再具备《特种设备安全监察条例》规定的条件而不撤销其原许可，或者发现特种设备生产、使用违法行为不予查处的；（4）发现特种设备检验检测机构不再具备条例规定的条件而不撤销其原核准，或者对其出具虚假的检验检测结果、鉴定结论或者检验检测结果、鉴定结论严重失实的行为不予查处的；（5）对依照条例规定在其他地方取得许可的特种设备生产单位重复进行许可，或者对依照《特种设备安全监察条例》规定在其他地方检验检测合格的特种设备，重复进行检验检测的；（6）发现有违反条例和安全技术规范的行为或者在用的特种设备存在严重事故隐患，不立即处理的；（7）发现重大的违法行为或者严重事故隐患，未及时向上级特种设备安全监督管理部门报告，或者接到报告的特种设备安全监督管理部门不立即处理的；（8）迟报、漏报、瞒报或者谎报事故的；（9）妨碍事故救援或者事故调查处理的。

第八章

认证认可监督管理法律制度

　　随着经济一体化进程的深入，质量成为企业是否具备市场竞争优势的关键因素。从而使评价质量和为质量管理水平提供标准和有效证明的质量认证逐渐被社会各领域所重视。2011年，我国发布实施了《国家认证认可标准化发展"十二五"规划》，首次对认证认可标准化工作质量进行分析，建立了数据收集渠道和采集机制；研究建立了检验检测标准体系，使标准制修订与科研紧密结合，同时，充分利用协会的资源优势，拓宽认证认可标准化工作渠道。与此同时，国家认监委还建立了"法律规范、行政监管、认可约束、行业自律和社会监督"五位一体的监督体系。这都为质量认证认可监督管理工作提供了有效保障，加强了对认证市场的监督管理，使得认证工作规范性和有效性有了显著提高。

第一节　认证认可监督管理概述

　　现今社会，竞争无处不在。随着顾客对产品质量要求的不断提高，市场竞争也由国内竞争发展为全球化竞争。而质量，则成为有力竞争中不可或缺的一部分。于是，越来越多的企业参与到质量认证之中。

一、认证认可的概念

（一）认证

　　2003年国务院通过的认证认可条例对认证的定义作了表述，即"认证，是指由认证机构证明产品、服务、管理体系符合相关技术规范、相关技术规范的强制性要求或者标准的合格评定活动。"

（二）认可

我国认证认可条例中所称的认可，是指由认可机构对认证机构、检查机构、实验室以及从事评审、审核等认证活动人员的能力和执业资格，予以承认的合格评定活动。实行认可制度是为了确保认证结果的公正性和可信性，有利于获得国际上的承认。实行国家认可制度是实现认证结果的国际承认的基础。从狭义上讲，认证和认可都是依据一定标准和技术法规开展的合格评定活动，不同的是各自针对不同对象，认证的对象是产品或服务，认可的对象是从事认证、检测、检查活动的机构或人员。从广义上讲，认证活动既包括对产品或服务的评定，也包括对从事认证活动的机构、人员的评定，即"认证之认证"。认可从属于广义的认证概念。

二、我国质量认证认可的发展历程

我国质量认证的产生和发展得益于经济的进步，得益于进出口贸易的发展，得益于社会认识的普遍提高。虽然，我国质量认证起步较晚，但起点高、发展迅速。

1978年，我国加入国际标准化组织，引入质量认证的概念。从此，我国质量认证正式起步。1981年，我国首先对电子产品和电子元器件实行认证试点。我国的第一个产品认证机构，中国电子元器件认证委员会正式成立。1983年，实验室认可制度启动。1984年中国电工产品认证委员会成立。国家开始加强对认证检测机构的管理。随后，国务院分别颁布了标准化法和进出口商品检验法，将国家标准与行业标准作为质量认证与认证后监督的依据。1991年，产品质量认证管理条例（已失效）正式出台。1994年，认证机构认可制度启动。1995年，认证评审员注册制度启动，加强了国家对认证机构与认证从业人员能力评定和监督管理。

2001年，我国质量认证进入统一管理阶段。国务院组建质检总局，由其主管质量各项工作并行使执法职能。同年8月，批准成立国家认证认可监督管理委员会；2003年，认证认可条例颁布实施，规定我国实施统一的认证认可工作体制。自此，我国质量认证工作步入由国家统一管理，规范化、法治化的阶段。2005年中国认证认可协会成立，行业自律机构形成；2006年，国家认监委整合成立了中国合格评定国家认可委员会，统一负责对认证机构、实验室和检查机构等认证相关机构的认可工作；2008年，中国合格评定国家认可委员会最终用户委员会成立。它从消费者或采购者等终端用户角度审视认证的有效性，解决影响认证的问题。

三、认证认可条例

2003年8月20日国务院十八次常务会议通过认证认可条例，并于2016年2月作了第一次修正。认证认可条例共七章七十八条，主要涉及概念、认证机构、认证、认可、监督管理、法律责任等方面。

（一）认证机构

1.认证机构的资质

取得认证机构资质，应当经国务院认证认可监督管理部门批准，并在批准范围内从事认证活动。未经批准，任何单位和个人不得从事认证活动。

取得认证机构资质，应当符合下列条件：（1）取得法人资格；（2）有固定的场所和必要的设施；（3）有符合认证认可要求的管理制度；（4）注册资本不得少于人民币300万元；（5）有10名以上相应领域的专职认证人员。

从事产品认证活动的认证机构，还应当具备与从事相关产品认证活动相适应的检测、检查等技术能力。

2.外商投资企业取得认证机构资质的条件

外商投资企业取得认证机构资质，除应当符合以上的条件外，还应当符合下列条件：（1）外方投资者取得其所在国家或者地区认可机构的认可；（2）外方投资者具有3年以上从事认证活动的业务经历。外商投资企业取得认证机构资质的申请、批准和登记，还应当符合有关外商投资法律、行政法规和国家有关规定。

境外认证机构在中华人民共和国境内设立代表机构，须向工商行政管理部门依法办理登记手续后，方可从事与所从属机构的业务范围相关的推广活动，但不得从事认证活动。

境外认证机构在中华人民共和国境内设立代表机构的登记，按照有关外商投资法律、行政法规和国家有关规定办理。

3.认证机构资质申请和批准程序

认证机构资质的申请和批准程序：（1）认证机构资质的申请人，应当向国务院认证认可监督管理部门提出书面申请，并提交符合认证认可条例第十条规定所需要条件的证明文件；（2）国务院认证认可监督管理部门自受理认证机构资质申请之日起45日内，应当作出是否批准的决定。涉及国务院有关部门职责的，应当征求国务院有关部门的意见。决定批准的，向申请人出具批准文件，决定不予批准的，应当书面通知申请人，并说明理由。

国务院认证认可监督管理部门应当公布依法取得认证机构资质的企业名录。

4.认证机构以及从业人员禁止事项

（1）认证机构不得与行政机关存在利益关系。

（2）认证机构不得接受任何可能对认证活动的客观公正产生影响的资助；不得从事任何可能对认证活动的客观公正产生影响的产品开发、营销等活动。

（3）认证机构不得与认证委托人存在资产、管理方面的利益关系。

（4）认证人员从事认证活动，应当在一个认证机构执业，不得同时在两个以上认证机构执业。

（二）认证原则

认证活动本着自愿、公开、客观公正的原则进行。认证机构及其认证人员对认证结果负责。国家对必须经过认证的产品，统一产品目录，统一技术规范的强制性要求、标准和合格评定程序，统一标志，统一收费标准。

（三）认证监管

国务院认证认可监督管理部门重点对指定的认证机构、检查机构、实验室进行监督，对其认证、检查、检测活动进行定期或者不定期的检查。认可机构应当定期向国务院认证认可监督管理部门提交报告，并对报告的真实性负责，省，自治区、直辖市人民政府质量技术监督部门和国务院质量监督检验检疫部门设在地方的出入境检验检疫机构，在国务院认证认可监督管理部门的授权范围内，依照相关规定对认证活动实施监督管理。

 以案释法 24

质监局对未获3C认证企业行政处罚案

2010年8月20日某市质监局以被告A公司出厂销售的额定电流为2000A的GGD型开关柜和5台电容补偿柜未获得3C认证为由，依法对被告A公司作出行政处罚决定书：责令改正；处15万元罚款；没收违法所得57307元。被告不服向该省质监局提出行政复议。2010年11月4日该省质监局作出复议决定，维持市质监局的行政处罚决定书。原告不服提起行政诉讼。

 释解

国家根据经济和社会发展需要，推行产品、服务、管理体系认证，哪些产品、服务、管理体系需要认证，应当由国务院认证认可监督管理部门制定，本案中涉案的产品属电子类产品，是否应该认证应该由中国国家认证认可监督管理委员会发布的编号为：CNCA-01C-010：2007号电气电子产品类强制性认证实施规则规定。

认证认可条例规定，为了保护国家安全，防止欺诈行为，保护人体健康或者安全、保护动植物生命或者健康、保护环境、国家规定相关产品必须经过认证的，应当经过认证并标注认证标志后，方可出厂、销售、进口或者在其他经营活动中使用；列入目录的产品未经认证，擅自出厂、销售、进口或者在其他经营活动中使用的，责令改正，处5万元以上20万元以下的罚款，有违法所得的，没收违法所得。综上述，被告对原告作出的行政处罚，证据确凿，适用法规正确，符合法定程序。

第二节　认证机构资质审核和监管

最初，我国的认证机构是由国家机构组建，后根据经济发展的实际情况，国家转变职能，认证机构成为独立的经济实体，通过向需被认证的主体提供服务获取利益。但它的设立须经国家认监委审核批准，未经批准，不的从事相关认证业务。

一、认证机构资质审核

认证机构管理办法明确规定，设立认证机构，应当经国家认监委批准，并依法取得法人资格后，方可从事批准范围内的认证活动。未经批准，任何单位和个人不得从事认证活动。此为强制性规定，对认证机构作出了严格的要求。

（一）认证主体资质

对于准备从事认证的主体，应当具备与从事相关产品认证活动相适应的检测、检查等技术能力。除此之外，还应符合具有固定的办公场所和必备设施；具有符合认证认可要求的章程和管理制度；注册资本不得少于人民币300万元；具有10名以上相应领域的专职认证人员；认证机构董事长、总经理（主任）和管理者代表应当符合国家有关法律、法规以及国家质检总局、国家认监委相关规定要求，具备履行职务所必需的管理能力以及其他法律法规规定的条件。

对于准备在中国境内从事认证的外方投资主体，除需具备上述条件外，还应符合有关外商投资法律、行政法规和国家有关外商投资产业指导政策等要求。且符合该外方投资者为在中国境外具有3年以上相应领域认证从业经历的机构，具有所在国家或者地区有关当局的合法登记，无不良记录；外方投资者取得其所在国家或者地区认可机构相应领域的认可或者有关当局的承认。设立中外合资、合作经营认证机构的中国合营、合作者应当为经国家认监委批准的具有3年以上认证从业经历的认证机构或者依法取得资质认定的检查机构、实验室，并无不良从业记录等条件。

（二）资质审批

在审批程序方面，国家认监委实施认证机构审批工作中应当遵循资源合理配置、便利高效、公开透明的原则。具体流程如下：

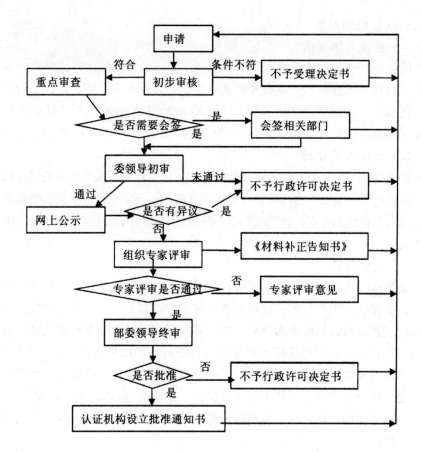

认证机构设立子公司、分公司的，也应当依照认证机构审批程序进行，经国家认监委批准，并依法取得公司登记机关登记后，方可从事批准范围内的认证活动。还应具备相关的从业年限等其他法律法规所规定的条件，如分公司需具有5名以上相应领域执业资格和能力的专职认证人员、子公司由认证机构全资或者控股等。

（三）认证业务

认证机构可以设立从事批准范围内的业务宣传和推广活动的办事机构。但需在设立之日起30日内，向办事机构所在地省级质量技术监督部门备案。外商投资认证机构则需向办事机构所在地直属检验检疫机构备案。境外认证机构也可以在中国境内设立从事其业务范围内的宣传和推广活动的代表机构，其应自设立之日起30日内向国家认监委进行备案。如果认证机构通过合约方式分包境外认证机构的认证业务，则应当经国家认监委批准，并承担因分包而造成的认证风险和相关责任。

二、认证机构监管

（一）监管主体方面

质检总局统一负责认证机构的监督管理工作。国家认证认可监督管理委员会负责认证机构的设立和相关审批及其从业活动的监督管理工作。省、自治区、直辖市人民政府质量技术监督部门和直属出入境检验检疫机构依照《认证机构管理办法》的规定，按照职责分工负责所辖区域内认证活动的监督管理工作。

（二）认证人员方面

认证机构应当建立健全认证人员管理制度，定期对认证人员的能力进行培训和评价，保证认证人员的能力持续符合要求，并确保认证审核过程中具备合理数量的专职认证人员和技术专家。认证机构不得聘任或者使用国家法律法规禁止从事认证活动的人员。

（三）认证行为

认证机构应当按照认证基本规范、认证规则规定的程序对认证全过程实施有效控制，确保认证和产品测试过程完整、客观、真实，并具有可追溯性，不得增加、减少或者遗漏认证程序和活动，并配备具有相应能力和专业的认证人员对上述过程进行评价。认证机构应当制定相应程序对认证结果进行评定和有效控制，并对认证证书发放、暂停或者撤销有明确规定及评价要求。认证机构还应当对认证全过程作出完整记录，保留相应认证资料。记录应当真实、准确，以证实认证活动得到有效实施。且记录、资料应当使用中文，归档留存时间应当与认证证书有效期一致。

（四）认证要求

对认证的具体要求：认证机构应当按照认证基本规范、认证规则的要求对其认证的产品、服务、管理体系实施有效的跟踪监督，确定合理的监督检查频次，以保证通过认证的产品、服务、管理体系持续符合认证要求；对不能持续符合认证要求的，认证机构应当暂停或者撤销其认证证书，及时向社会公布，并采取有效措施避免无效认证证书和认证标志继续使用。

（五）认证监管

国家质检总局、国家认监委对认证机构的监管方面，国家认监委负责对认证机构的运行情况进行检查，对认证结果和认证活动进行抽查，并公布检查、抽查结果和相关认证机构及获证组织名单。对认证机构实行认证业务信息报送和年度工作报告审查；各级质量技术监督部门和各地出入境检验检疫机构按照各自职责，定期对所辖区域的认证活动实施监督，查处认证违法行为，并建立相应的监督协调工作机制。相关行政主体间形成纵向的指导和监督，对于违反规定的认证机构给予相应的处罚。

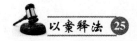

冒用认证标志、名优标志不正当竞争案

2005年初，被告A公司与被告B公司签订包装袋印制合同，B公司为A公司印制150g栗仁包装袋40万个，包装袋背面印有原告C公司的质量管理体系认证证书号、食品生产许可证号、食品标签认可证书号。被告A公司利用上述包装袋包装自己生产的栗仁产品，出口到原告在美国、泰国和马来西亚的市场，扰乱了三地市场，致使原告在三地市场的销售额比去年同期减少了1427万余元，给原告造成重大经济损失。为调查制止本案侵权事实，C公司支出了调查费用和律师费用。原告认为两被告的涉案行为属于在商品上冒用认证标志、名优标志等质量标志，对商品质量作引人误解的虚假表示的行为，构成了不正当竞争，对原告的农产品加工出口渠道造成严重影响，故起诉至法院。

根据我国反不正当竞争法的有关规定，在商品上伪造或者冒用认证标志、名优标志等质量标志，伪造产地，对商品质量作引人误解的虚假表示的行为属于不正当竞争行为。本案被告A公司在其委托加工的涉案包装袋上使用了原告的质量管理体系认证证书号，并使用该包装袋销售其生产的栗仁产品，使相关消费者对其产品的质量产生误认，客观上对原告的相关产品的销售产生影响，给其造成经济损失。因此，被告A公司的上述行为构成不正当竞争，应当承担停止侵权、赔偿损失的法律责任。

食品生产许可证号、食品标签认可证书号是国家相关行政主管部门在进行行政管理过程中所形成的，其本身并不属于民事权益的范畴。本案原告公司不能根据涉案产品食品生产许可证号、食品标签认可证书号主张民事权益。被告B公司在涉案包装袋上印刷原告公司的涉案产品食品生产许可证号、食品标签认可证书号，该行为显属不当。但食品生产许可证号、食品标签认可证书号本身对商品质量并不具有较强的标示作用，同时亦不具有识别商品来源的功能，通常公众难以通过食品生产许可证号、食品标签认可证书号来区别商品或引起对商品的混淆。因此，被告B公司的涉案使用行为虽有不妥之处，但不构成不正当竞争。

综上，原告主张被告A公司在包装袋上标注质量管理体系认证证书号的涉案行为构成了不正当竞争。

第三节　强制性认证

强制性认证与安全质量许可是规范市场行为、维护公众利益、提高国民经济运行质量的有效方法和重要手段。可以促使相关主体依照技术法规、标准实施管理和组织生产，从根本上提高管理水平，增强竞争力。

一、强制性认证

我国强制性产品认证制度是以产品质量法、进出口商品检验法、标准化法为基础建立的。强制性产品认证制度的对象为涉及人体健康、动植物生命安全、环境保护、公共安全、国家安全的产品。强制性产品认证的技术依据为国家强制性标准或国家技术规范中的强制性要求。

（一）强制性认证制度概述

自2002年我国开始实施统一的强制性产品认证制度以来，经过十几年的基础建设，形成了较为完整的强制性产品认证制度组织机构体系和法律法规体系。

强制性产品认证制度的文件体系由两大部分构成。第一部分是法律法规系列文件，主要包括两个方面：

第一个方面是基础的法律法规，这部分按照与3C制度的关系分为三个层面，一是主要包含产品质量法、进出口商品检验法、标准化法等基础性大法；二是包括认证认可条例、进出口商品检验法实施条例等行政法规；三是面主要包含消防法、农业机械化促进法等特殊规定。

第二个方面是部门规章，这部分主要指国家质检总局及相关部委发布的文件，如《强制性产品认证管理规定》《强制性产品认证机构、检查机构和实验室管理办法》《汽车产业发展政策》《安全技术防范产品管理办法》等。

（二）强制性认证制度

强制性产品认证制度是我国政府为了维护国家、社会、公众利益，也为了履行入世谈判协议项评下的承诺，适应国际经济一体化发展，于2001年正式推出的一项强制实施的产品质量认证管理措施，其管理对象是进入我国市场的涉及环保、健康、安全要求的重要商品。由于强制性产品认证的统一标志是"CCC"（中国强制认证的英文缩写），所以被简称为3C认证。

国家对实施强制性产品认证的产品，协调有关部门按照"四个统一"的原则建立国家强制性产品认证制度：统一产品目录；统一技术规范的强制性要求、标准和合格评定程序；统一认证标志；统一收费标准并向获证产品颁发3C认证证书。地方质量技术监督局和各地出入境检验检疫局负责对列入目录产品的行政执法监督工作，确保未获得认证的列入目录内的产品不得进口、出厂、销售和在经营服务性活动中使用。

强制性产品认证的基本规范由国家质检总局、国家认监委制定、发布。产品认证模式应当依据产品的性能，对涉及公共安全、人体健康和环境等方面可能产生的危害程度、产品的生命周期、生产、进口产品的风险状况等综合因素，按照科学、便利等原则予以确定。列入目录产品的生产者或者销售者、进口商如生产、销售、进口有关产品，则必须委托经国家认监委指定的认证机构对其生产、销售或者进口的产品进行认证，并按照具体产品认证规则的规定，向认证机构提供相关技术材料。

产品认证的基本流程如图：

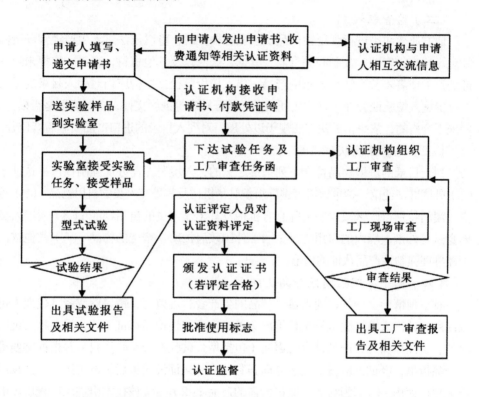

一般认证证书有效期为5年。认证机构应当根据其对获证产品及其生产企业的跟踪检查的情况，在认证证书上注明年度检查有效状态的查询网址和电话。认证证书有效期届满，需要延续使用的，认证委托人应当在认证证书有效期届满前90天内申请办理。

二、对强制性认证的监督管理

为保证认证证书的持续有效性及对认证产品的适时监管，相关部门对获得认证的产品，根据其固有特点安排获证后的监督。对此，与认证有关的法律法规也作出了详细规定。

（一）定期或者不定期对获证产品进行监督检查

国家认监委对认证机构、检查机构和实验室的认证、检查和检测活动实施年度监督检查和不定期的专项监督检查；国家质检总局统一计划，国家认监委采取定期或者不定期的方式对获证产品进行监督检查。获证产品生产者、销售者、进口商和经营活动使用者不得拒绝监督检查；地方质检两局依法按照各自职责，对所辖区域内强制性产品认证活动实施监督检查，对违法行为进行查处。列入目录内的产品未经认证，但尚未出厂、销售的，地方质检两局应当告诫其产品生产企业及时进行强制性产品认证。

（二）监管职权

地方质检两局进行强制性产品认证监督检查时，可以依法进入生产经营场所实施现场检查，查阅、复制有关合同、票据、账簿以及其他资料，查封、扣押未经认证的产品或者不符合认证要求的产品；出入境检验检疫机构应当对列入目录的进口产品实施入境验证管理，查验认证证书、认证标志等证明文件，核对货证是否相符。验证不合格的，依照相关法律法规予以处理，对列入目录的进口产品实施后续监管。

（三）无需强制认证情形

列入目录的进境物品符合下列情形之一的，入境时无需办理强制性产品认证：（1）外国驻华使馆、领事馆或者国际组织驻华机构及其外交人员的自用物品；（2）香港、澳门特别行政区政府驻大陆官方机构及其工作人员的自用物品；（3）入境人员随身从境外带入境内的自用物品；（4）外国政府援助、赠送的物品；（5）其他依法无需办理强制性产品认证的情形。

（四）免予办理强制性产品认证

有下列情形之一的，列入目录产品的生产者、进口商、销售商或者其代理人可以向所在地出入境检验检疫机构提出免予办理强制性产品认证申请，提交相关证明材料、责任担保书、产品符合性声明（包括型式试验报告）等资料，并根据需要进行产品检测，经批准取得《免予办理强制性产品认证证明》后，方可进口，并按照申报用途使用：（1）为科研、测试所需的产品；（2）为考核技术引进生产线所需的零部件；（3）直接为最终用户维修目的所需的产品；（4）工厂生产线/成套生产线配套所需的设备/部件（不包含办公用品）；（5）仅用于商业展示，但不销售的产品；（6）暂时进口后需退运出关的产品（含展览品）；（7）以整机全数出口为目的而用一般贸易方式进口的零部件；（8）以整机全数出口为目的而用进料或者来料加工方式进口的零部件；（9）其他因特殊用途免予办理强制性产品认证的情形。

（五）违法情形

1.认证行为违反法律规定

（1）对于增加、减少、遗漏或者变更认证基本规范、认证规则规定的程序的；

未对其认证的产品实施有效的跟踪调查，或者发现其认证的产品不能持续符合认证要求，不及时暂停或者撤销认证证书并予以公布的；（2）未对认证、检查、检测过程作出完整记录，归档留存，情节严重的；（3）使用未取得相应资质的人员从事认证、检查、检测活动的，情节严重的；（4）未对认证委托人提供样品的真实性进行有效审查的；阻挠、干扰监管部门认证执法检查的；（5）对不属于目录内产品进行强制性产品认证等其他违反法律法规规定的，国家认监委应当责令相关的认证机构、检查机构、实验室停业整顿。在停业整顿期间，不得从事指定范围内的强制性产品认证、检查、检测活动。

2.欺骗、贿赂等不正当手段获得指定的

认证机构、检查机构或者实验室以欺骗、贿赂等不正当手段获得指定的，由国家认监委撤销指定，并予以公布。认证机构、检查机构或者实验室自被撤销指定之日起3年内不得再次申请指定。认证委托人对认证机构的认证决定有异议的，可以向认证机构提出申诉，对认证机构处理结果仍有异议的，可以向国家认监委申诉。

任何单位和个人对强制性产品认证活动中的违法违规行为，有权向国家质检总局、国家认监委或者地方质检两局举报，国家质检总局、国家认监委或者地方质检两局应当及时调查处理，并为举报人保密。

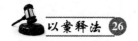

吹嘘有3C国家强制认证的广告行为能否影响合同效力

2010年11月17日，原、被告双方签订一份供货合同，由被告向原告销售19mm钢化玻璃。原告依约支付货款后将该批钢化玻璃安装在XX4S装饰工程中。后经工程监理验收发现，被告所销售的该批玻璃并未获得国家强制性产品认证（即3C认证）。原告认为，依据《强制性产品认证管理规定》的规定，对于19mm钢化玻璃，在未取得3C认证的情况下，不得生产、销售。而被告却违反此项规定并隐瞒自己所销售的产品没有通过3C认证的事实，导致该项工程无法通过监理和业主的验收并使原告遭受玻璃购买款、工程返工费、工程停业损失费和工程罚款等在内的各项经济损失。原告诉至法院，请求依法撤销双方于2010年11月17日签订的供货合同。

根据合同法明确，一方以欺诈、胁迫的手段或者乘人之危，使对方在违背真实意思的情况下订立的合同，受损害方有权请求人民法院或者仲裁机构变更或者撤销，即人民法院变更或者撤销合同的前提条件是一方以欺诈、胁迫的手段或者乘人之危，使对方在签订合同时意思表示不真实。而本案中，双方签订的供货合同中并未显示该批玻璃通过了3C国家强制认证，且被告在宣传册上显示"公司在行业内率先通过了3C国家强制认证"仅是被告的广告行为，该广告属于要约邀请，并非要约。

根据认证认可条例以及国家质检总局、国家认监委的相关规定，19mm钢化玻璃应当经过国家强制性产品认证（即3C认证），而本案被告提供的19mm钢化玻璃未经国家强制性产品认证即生产和销售，违反了行政法规和部门规章的规定，应当受到行政处罚。但该规章仅是规制当事人的市场准入资格而非规范合同效力，即该规章属于管理性规范而非效力性强制规范，根据《最高人民法院关于适用〈中华人民共和国合同法〉若干问题的解释（二）》第十四条的规定，合同法第五十二条第（五）项的规定的"强制性规定"，是指效力性强制性规定。即当事人订立的合同违反管理性规范，并不导致合同无效，故本案中的供货合同有效，被告要解除合同，应申请法院依法撤销。

第九章
计量管理法律制度

　　科技在进步，时代在变迁。随着我国市场经济形势的发展与变化，提高计量管理水平对质量管理体系的建立与完善具有重要意义。有效的、科学的计量管理能降低企业消耗，提高工作效率，在保障企业生产安全的同时提升产品质量。为了加强计量监督管理，保障国家计量单位制的统一和量值的准确可靠，有利于生产、贸易和科学技术的发展，适应社会主义现代化建设的需要，维护国家、人民的利益，六届全国人大常委会十二次会议于1985年9月6日通过了我国首部计量法。计量工作开展的效果将直接影响企业的生产经营，对提高企业的综合实力有着不可替代的作用。当然，企业要想发展，计量管理问题亦不可忽视。

第一节　计量管理概述

　　对于计量管理的应用与完善，早已成为提升各种软实力不可或缺的一部分。为了加强计量监督管理，保障国家计量单位制的统一和量值的准确可靠，有利于生产、贸易和科学技术的发展，适应社会主义现代化建设的需要，维护国家、人民的利益，1985年9月6日，六届全国人大常委会十二次会议通过计量法，并于2009年、2013年、2015年进行了三次修正。

一、计量概述

　　计量是利用科学技术和监督管理手段实现测量统一和准确的一项事业。它包括有关计量理论和实践两个方面。国际上把计量学分为科学计量、工程计量和法制计量三类，分别代表计量的基础、应用和国家管理理三个方面。

科学计量是基础性、探索性、先行性的计量科学研究，通常以最新的科技成果来精确地定义与实现计量单位，并为科技发展提供可靠的测量理论与实践技术。

工程计量是各种工程、工业、企业中的实用计量，过去称工业计量。工程计量涉及面较广，随着各种产品技术含量的提高和制造复杂程度不断增强，为保证产品的一致性和互换性，它已经成为生产过程中产品控制不可缺少的环节。工程计量测试能力实际上是国家工业竞争力的重要组成部分。

法制计量涉及对计量单位、计量器具、测量方法及测量实验室的法定要求，由政府或授权机构根据法制、技术和行政的需要进行强制管理，用法律法规来保障贸易结算、安全防护、医疗卫生、环境检测、资源控制、社会管理等相关测量工作的公正性和可靠性。它关系到公众利益和国家可持续发展战略的实施。

二、计量法概述

（一）适用范围、计量原则

在中华人民共和国境内，建立计量基准器具、计量标准器具，进行计量检定，制造、修理、销售、使用计量器具，必须遵守计量法。

国家采用国际单位制。

国际单位制计量单位和国家选定的其他计量单位，为国家法定计量单位。国家法定计量单位的名称、符号由国务院公布。非国家法定计量单位应当废除。废除的办法由国务院制定。

（二）计量监管部门

国务院计量行政部门对全国计量工作实施统一监督管理。县级以上地方人民政府计量行政部门对本行政区域内的计量工作实施监督管理。

（三）计量基准器具、计量标准器具和计量检定

国务院计量行政部门负责建立各种计量基准器具，作为统一全国量值的最高依据。县级以上地方人民政府计量行政部门根据本地区的需要，建立社会公用计量标准器具，经上级人民政府计量行政部门主持考核合格后使用。国务院有关主管部门和省、自治区、直辖市人民政府有关主管部门，根据本部门的特殊需要，可以建立本部门使用的计量标准器具，其各项最高计量标准器具经同级人民政府计量行政部门主持考核合格后使用。企业、事业单位根据需要，可以建立本单位使用的计量标准器具，其各项最高计量标准器具经有关人民政府计量行政部门主持考核合格后使用。县级以上人民政府计量行政部门对社会公用计量标准器具，部门和企业、事业单位使用的最高计量标准器具，以及用于贸易结算、安全防护、医疗卫生、环境监测方面的列入强制检定目录的工作计量器具，实行强制检定。未按照规定申请检定或者检定不合格的，不得使用。实行强制检定的工作计量器具的目录和管理办法，由国务院制定。

第二节　计量管理

现代计量管理是以法制计量管理为核心，综合运用技术、经济、行政等管理手段，并以系统论、信息论和控制论等现代化管理科学为理论基础的管理科学。

一、计量检定

计量检定必须按照国家计量检定系统表进行。国家计量检定系统表由国务院计量行政部门制定。

计量检定必须执行计量检定规程。国家计量检定规程由国务院计量行政部门制定。没有国家计量检定规程的，由国务院有关主管部门和省、自治区、直辖市人民政府计量行政部门分别制定部门计量检定规程和地方计量检定规程。

计量检定工作应当按照经济合理的原则，就地就近进行。

二、计量器具管理

制造、修理计量器具的企业、事业单位，必须具备与所制造、修理的计量器具相适应的设施、人员和检定仪器设备，经县级以上人民政府计量行政部门考核合格，取得《制造计量器具许可证》或者《修理计量器具许可证》。

制造计量器具的企业、事业单位生产本单位未生产过的计量器具新产品，必须经省级以上人民政府计量行政部门对其样品的计量性能考核合格，方可投入生产。未经省、自治区、直辖市人民政府计量行政部门批准，不得制造、销售和进口国务院规定废除的非法定计量单位的计量器具和国务院禁止使用的其他计量器具。

制造、修理计量器具的企业、事业单位必须对制造、修理的计量器具进行检定，保证产品计量性能合格，并对合格产品出具产品合格证。县级以上人民政府计量行政部门应当对制造、修理的计量器具的质量进行监督检查。使用计量器具不得破坏其准确度，损害国家和消费者的利益。个体工商户可以制造、修理简易的计量器具。制造、修理计量器具的个体工商户，必须经县级人民政府计量行政部门考核合格，发给《制造计量器具许可证》或者《修理计量器具许可证》。

个体工商户制造、修理计量器具的范围和管理办法，由国务院计量行政部门制定。

三、计量监督

县级以上人民政府计量行政部门可以根据需要设置计量检定机构，或者授权其他单位的计量检定机构，执行强制检定和其他检定、测试任务。

处理因计量器具准确度所引起的纠纷，以国家计量基准器具或者社会公用计量标准器具检定的数据为准。

为社会提供公证数据的产品质量检验机构，必须经省级以上人民政府计量行政部门对其计量检定、测试的能力和可靠性考核合格。

四、法律责任

未取得《制造计量器具许可证》《修理计量器具许可证》制造或者修理计量器具的，责令停止生产、停止营业，没收违法所得，可以并处罚款。

制造、销售未经考核合格的计量器具新产品的，责令停止制造、销售该种新产品，没收违法所得，可以并处罚款。

制造、修理、销售的计量器具不合格的，没收违法所得，可以并处罚款。

属于强制检定范围的计量器具，未按照规定申请检定或者检定不合格继续使用的，责令停止使用，可以并处罚款。

使用不合格的计量器具或者破坏计量器具准确度，给国家和消费者造成损失的，责令赔偿损失，没收计量器具和违法所得，可以并处罚款。

制造、销售、使用以欺骗消费者为目的的计量器具的，没收计量器具和违法所得，处以罚款；情节严重的，并对个人或者单位直接责任人员依照刑法有关规定追究刑事责任。

违反计量法规定，制造、修理、销售的计量器具不合格，造成人身伤亡或者重大财产损失的，依照刑法有关规定，对个人或者单位直接责任人员追究刑事责任。

计量监督人员违法失职，情节严重的，依照刑法有关规定追究刑事责任；情节轻微的，给予行政处分。

当事人对行政处罚决定不服的，可以在接到处罚通知之日起十五日内向人民法院起诉；对罚款、没收违法所得的行政处罚决定期满不起诉又不履行的，由作出行政处罚决定的机关申请人民法院强制执行。

五、计量法实施细则解读

计量法实施细则由国家质检总局于1987年2月1日发布并正式开始实施，并于2016年依据国务院关于修改部分行政法规的决定（国务院令第666号）进行了修订。

（一）计量基准器具和计量标准器具

1. 计量基准器具

计量基准器具的使用必须具备下列条件：（1）经国家鉴定合格；（2）具有正常工作所需要的环境条件；（3）具有称职的保存、维护、使用人员；（4）具有完善的管理制度。

符合上述条件的，经国务院计量行政部门审批并颁发计量基准证书后，方可使用。

经国务院计量行政部门批准，任何单位和个人不得拆卸、改装计量基准，或者自行中断其计量检定工作。

计量基准的量值应当与国际上的量值保持一致。国务院计量行政部门有权废除技术水平落后或者工作状况不适应需要的计量基准。

2.制计量标准器具

制计量标准器具的使用，必须具备下列条件：（1）经计量检定合格；（2）具有正常工作所需要的环境条件；（3）具有称职的保存，维护、使用人员；（4）具有完善的管理制度。

社会公用计量标准对社会上实施计量监督具有公证作用。县级以上地方人民政府计量行政部门建立的本行政区域内最高等级的社会公用计量标准，须向上一级人民政府计量行政部门申请考核；其他等级的，由当地人民政府计量行政部门主持考核。

经考核符合本细则第七条规定条件并取得考核合格证的，由当地县级以上地方人民政府计量行政部门审批颁发社会公用计量标准证书后，方可使用。

国务院有关主管部门和省、自治区、直辖市人民政府有关主管部门建立的本部门各项最高计量标准，经同级人民政府计量行政部门考核，符合本细则第七条规定条件并取得考核合格证的，由有关主管部门批准使用。

企业、事业单位建立本单位各项最高计量标准，须向与其主管部门同级的人民政府计量行政部门申请考核。乡镇企业向当地县级人民政府计量行政部门申请考核。经考核符合本细则第七条规定条件并取得考核合格证的，企业、事业单位方可使用，并向其主管部门备案。

（二）计量器具的制造和监督

1.计量器具制造

（1）生产许可。企业、事业单位申请办理《制造计量器具许可证》，由与其主管部门同级的人民政府计量行政部门进行考核；乡镇企业由当地县级人民政府计量行政部门进行考核。经考核合格，取得《制造计量器具许可证》的，准予使用国家统一规定的标志，有关主管部门方可批准生产。

（2）批准营业。对社会开展经营性修理计量器具的企业、事业单位，办理《修理计量器具许可证》，可直接向当地县（市）级人民政府计量行政部门申请考核。当地不能考核的，可以向上一级地方人民政府计量行政部门申请考核。经考核合格取得《修理计量器具许可证》的，方可准予使用国家统一规定的标志和批准营业。

制造、修理计量器具的个体工商户，须在固定的场所从事经营。凡易地经营的，须经所到地方的人民政府计量行政部门验证核准。

（3）考核。对申请《制造计量器具许可证》和《修理计量器具许可证》的企业、事业单位或个体工商户进行考核的内容为：①生产设施；②出厂检定条件；③人员的技术状况；④有关技术文件和计量规章制度。

（4）定型鉴定。凡制造在全国范围内从未生产过的计量器具新产品，必须经过定型鉴定。定型鉴定合格后，应当履行型式批准手续，颁发证书。在全国范围内已经定型，而本单位未生产过的计量器具新产品，应当进行样机试验。样机试验合格后，发给合格证书。凡未经型式批准或者未取得样机试验合格证书的计量器具，不准生产。

计量器具新产品定型鉴定，由国务院计量行政部门授权的技术机构进行；样机试验由所在地方的省级人民政府计量行政部门授权的技术机构进行。

（5）计量器具新产品。计量器具新产品的型式，由当地省级人民政府计量行政部门批准。省级人民政府计量行政部门批准的型式，经国务院计量行政部门审核同意后，作为全国通用型式。申请计量器具新产品定型鉴定和样机试验的单位，应当提供新产品样机及有关技术文件、资料。负责计量器具新产品定型鉴定和样机试验的单位，对申请单位提供的样机和技术文件、资料必须保密。

2.计量监督

对企业、事业单位制造、修理计量器具的质量，各有关主管部门应当加强管理，县级以上人民政府计量行政部门有权进行监督检查，包括抽检和监督试验。凡无产品合格印、证，或者经检定不合格的计量器具，不准出厂。

国务院计量行政部门和县级以上地方人民政府计量行政部门监督和贯彻实施计量法律、法规的职责包括：(1)贯彻执行国家计量工作的方针、政策和规章制度，推行国家法定计量单位；(2)制定和协调计量事业的发展规划，建立计量基准和社会公用计量标准，组织量值传递；(3)对制造、修理、销售、使用计量器具实施监督；(4)进行计量认证，组织仲裁检定，调解计量纠纷；(5)监督检查计量法律、法规的实施情况，对违反计量法律、法规的行为，按照本细则的有关规定进行处理。

县级以上人民政府计量行政部门的计量管理人员，负责执行计量监督、管理任务；计量监督员负责在规定的区域、场所巡回检查，并可根据不同情况在规定的权限内对违反计量法律、法规的行为，进行现场处理，执行行政处罚。

执行计量检定任务的人员必须经考核合格

某法定计量检定机构招聘了一批刚从大学毕业的学生从事计量检定工作。由于该机构承担的计量检定任务比较繁重，考虑到这批学生的理论基础比较好，动手能力比较强，所以经过所在实验室的同意和机构领导的批准，就让他们直接从事计量检定工作，并出具计量检定证书。

计量法第十九条明确规定："县级以上人民政府计量行政部门可以根据需要设置计量检定机构，或者授权其他单位的计量检定机构，执行强制检定和其他检定、测试任务。执行前款规定的检定、测试任务的人员，必须经考核合格。"

《计量检定人员管理办法》第四条规定："计量检定人员从事计量检定活动，必须具备相应的条件，并经质量技术监督部门核准，取得计量检定员资格。"所以，该机构的做法是不正确的，不符合计量法和《计量检定人员管理办法》的规定。新分配的大学生参加工作后，应认真学习相关的计量检定专业知识，熟悉计量检定操作技能，并在计量检定员的监督下参与计量检定过程，但是不能出具计量检定证书。只有在其通过考核取得相应的计量检定员资格，才能独立从事计量检定工作并出具计量检定证书。

第十章
标准化管理法律制度

经济基础决定上层建筑。在经济飞速发展和全球化、贸易自由化进程不断加快的过程中，标准化管理的作用日益突出。发达国家纷纷以技术标准，尤其是涉及国家、人身、环境安全的技术标准为依据，以其他条件为辅助，借助技术性贸易措施，强化其经济和技术在国际中的竞争地位，致使包括我国在内的发展中国家面临严峻的挑战。在这一大环境下，建立和完善我国标准化体制，是提高竞争能力的必然要求。它已逐渐成为现代企业不可或缺的管理工具，"标准问题已成为国家经济竞争、科技竞争中的一个重要组成部分，中国必须在这方面有所作为。"

第一节 标准化概述

在日常生活中，标准无处不在。为了发展社会主义商品经济，促进技术进步，改进产品质量，提高社会经济效益，维护国家和人民的利益，使标准化工作适应社会主义现代化建设和发展对外经济关系的需要，七届全国人大常委会五次会议于1988年12月29日通过标准化法，自1989年4月1日起施行。

一、标准与标准化概述

（一）概念

国际标准组织（ISO）的标准化原理委员会（STACO）一直致力于标准化基本概念的研究，先后以指南的形式给"标准"的定义作出统一的规定。1996年，ISO与IEC联合将标准定义为："标准是由一个公认的机构指定和批准的文件。它对活动或活动的结果规定了规则、导则或特性值，供共同和反复使用，以实现在规定领域内最佳秩序的效益"。我国是 ISO 与 IEC 的正式成员，也按照上述定义把标准表述为："为了在一定的范围内获得最佳秩序，经协商一致制定，并由公认机构批准，共同使用和重复使用的一种规范性文件。""标准化"是对实际与潜在问题作出统一规定，供共同和重复使用，以在预定的领域内获取最佳秩序的活动。实际上，标准化活动有制定、发布和实施标准所构成。标准化的主要作用在于改进产品、过程和服务的实用性，以方便技术协作，消除贸易壁垒。

标准化是促进贸易的基本保障，是衡量产品质量是否达到合同中要求的依据，是引进技术和设备的重要依据，也是消除贸易技术壁垒的手段之一。作为现代化生产的必备条件，在企业正是因为有了标准，才能保证产品的质量有统一的规定，才使得工作流程中的各个环节有统一的要求，从而建立起和谐、有序的劳动氛围。

（二）分类

按照制定的主体不同，可分为国际标准、区域标准、国家标准、行业标准、地方标准、企业组织（对象）标准等；省、自治区、直辖市标准化行政主管部门制定的工业产品的安全、卫生要求的地方标准，在本行政区域内是强制性标准。

按照标准化对象的不同，可分为产品标准、工程建设标准、方法标准、卫生标准、环境保护标准、服务标准、包装标准、数据标准、过程标准等；

按照标准化对象的基本属性，可分为技术标准、管理标准等；按照约束力，还可将其分为我国的强制性标准和推荐性标准、世界贸易组织的技术法规和标准、欧盟的指令和标准等。

根据标准化法规定，国家标准、行业标准分为强制标准和推荐性标准。保障人体健康，人身、财产安全的标准和法律、行政法规规定强制执行的标准是强制标准，其他标准是推荐性标准。

（三）适用标准的范围

对下列需要统一的技术要求，应当制定标准：（1）工业产品的品种、规格、质量、等级或者安全、卫生要求；（2）工业产品的设计、生产、检验、包装、储存、运输、使用的方法或者生产、储存、运输过程中的安全、卫生要求；（3）有关环境保护的各项技术要求和检验方法；（4）建设工程的设计、施工方法和安全要求；（5）有关工业生产、工程建设和环境保护的技术术语、符号、代号和制图方法。

重要农产品和其他需要制定标准的项目，由国务院规定。

（四）标准化管理机构

国务院标准化行政主管部门统一管理全国标准化工作。国务院有关行政主管部门分工管理本部门、本行业的标准化工作。

省、自治区、直辖市标准化行政主管部门统一管理本行政区域的标准化工作。省、自治区、直辖市政府有关行政主管部门分工管理本行政区域内本部门、本行业的标准化工作。

市、县标准化行政主管部门和有关行政主管部门，按照省、自治区、直辖市政府规定的各自的职责，管理本行政区域内的标准化工作。

二、标准的制定

对需要在全国范围内统一的技术要求，应当制定国家标准。国家标准由国务院标准化行政主管部门制定。对没有国家标准而又需要在全国某个行业范围内统一的技术要求，可以制定行业标准。行业标准由国务院有关行政主管部门制定，并报国务院标准化行政主管部门备案，在公布国家标准之后，该项行业标准即行废止。对没有国家标准和行业标准而又需要在省、自治区、直辖市范围内统一的工业产品的安全、卫生要求，可以制定地方标准。地方标准由省、自治区、直辖市标准化行政主管部门制定，并报国务院标准化行政主管部门和国务院有关行政主管部门备案，在公布国家标准或者行政标准之后，该项地方标准即行废止。

企业生产的产品没有国家标准和行业标准的，应当制定企业标准，作为组织生产的依据。企业的产品标准须报当地政府标准化行政主管部门和有关行政主管部门备案。已有国家标准或者行业标准的，国家鼓励企业制定严于国家标准或者行业标准的企业标准，在企业内部适用。

法律对标准的制定另有规定的，依照法律的规定执行。

三、标准的实施

国家标准、行业标准分为强制标准和推荐性标准。保障人体健康，人身、财产安全的标准和法律、行政法规规定强制执行的标准是强制标准，其他标准是推荐性标准。

省、自治区、直辖市标准化行政主管部门制定的工业产品的安全、卫生要求的地方标准，在本行政区域内是强制性标准。

制定标准应当有利于保障安全和人民的身体健康，保护消费者的利益，保护环境。

强制性标准，必须执行。不符合强制性标准的产品，禁止生产、销售和进口。推荐性标准，国家鼓励企业自愿采用。

企业对有国家标准或者行业标准的产品，可以向国务院标准化行政主管部门或者国务院标准化行政主管部门授权的部门申请产品质量认证。认证合格的，由认证部门授予认证证书，准许在产品或者其包装上使用规定的认证标志。

已经取得认证证书的产品不符合国家标准或者行业标准的，以及产品未经认证或者认证不合格的，不得使用认证标志出厂销售。

第二节　国家标准化管理

为了加强国家标准的管理，1990年8月24日国家技术监督局，根据《中华人民共和国标准化法》和《中华人民共和国标准化法实施条例》的有关规定，发布《国家标准管理办法》

一、应当制定国家标准事项

（一）应当制定国家标准的技术要求

对需要在全国范围内统一的下列技术要求，应当制定国家标准（含标准样品的制作）：（1）通用的技术术语、符号、代号（含代码）、文件格式、制图方法等通用技术语言要求和互换配合要求；（2）保障人体健康和人身、财产安全的技术要求，包括产品的安全、卫生要求，生产、储存、运输和使用中的安全、卫生要求，工程建设的安全、卫生要求，环境保护的技术要求；（3）基本原料、材料、燃料的技术要求；（4）通用基础件的技术要求；（5）通用的试验、检验方法；（6）工农业生产、工程建设、信息、能源、资源和交通运输等通用的管理技术要求；（7）工程建设的勘察、规划、设计、施工及验收的重要技术要求；（8）国家需要控制的其他重要产品和工程建设的通用技术要求。

（二）强制性国家标准

国家标准分为强制性国家标准和推荐性国家标准。

下列国家标准属于强制性国家标准：（1）药品国家标准、食品卫生国家标准、兽药国家标准、农药国家标准；（2）产品及产品生产、储运和使用中的安全、卫生国家标准，劳动安全、卫生国家标准，运输安全国家标准；（3）工程建设的质量、安全、卫生国家标准及国家需要控制的其他工程建设国家标准；（4）环境保护的污染物排放国家标准和环境质量国家标准；（5）重要的涉及技术衔接的通用技术术语、符号、代号（含代码）、文件格式和制图方法国家标准；（6）国家需要控制的通用的试验、检验方法国家标准；（7）互换配合国家标准；（8）国家需要控制的其他重要产品国家标准。

其他的国家标准是推荐性国家标准。

（三）国家标准的代号

国家标准的代号由大写汉语拼音字母构成。

强制性国家标准的代号为"GB"，推荐性国家标准的代号为"GB／T"。

国家标准的编号由国家标准的代号、国家标准发布的顺序号和国家标准发布的年号（即发布年份的后两位数字）构成。

家标准由国务院标准化行政主管部门编制计划，协调项目分工，组织制定，统一审批、编号、发布。

法律对国家标准的制定另有规定的，依照法律的规定执行。

国务院有关行政主管部门和国务院标准化行政主管部门领导与管理的技术委员会，按下达的国家标准计划项目组织实施。应经常检查国家标准计划项目的进展情况，督促并创造条件，保证负责起草单位按计划完成任务。每年一月底前，将上年度计划执行情况报国务院标准化行政主管部门。

二、国家标准的制定

负责起草单位应对所订国家标准的质量及其技术内容全面负责。应按GBI《标准化工作导则》的要求起草国家标准征求意见稿，同时编写《编制说明》及有关附件，其内容一般包括：（1）工作简况，包括任务来源、协作单位、主要工作过程、国家标准主要起草人及其所做的工作等；（2）国家标准编制原则和确定国家标准主要内容（如技术指标、参数、公式、性能要求、试验方法、检验规则等）的论据（包括试验、统计数据），修订国家标准时，应增列新旧国家标准水平的对比；（3）主要试验（或验证）的分析、综述报告，技术经济论证，预期的经济效果；（4）采用国际标准和国外先进标准的程度，以及与国际、国外同类标准水平的对比情况，或与测试的国外样品、样机的有关数据对比情况；（5）与有关的现行法律、法规和强制性国家标准的关系；（6）重大分歧意见的处理经过和依据；（7）国家标准作为强制性国家标准或推荐性国家标准的建议；（8）贯彻国家标准的要求和措施建议（包括组织措施、技术措施、过渡办法等内容）；（9）废止现行有关标准的建议；（10）其他应予说明的事项。

对需要有标准样品对照的国家标准，一般应在审查国家标准前制备相应的标准样品。

第三节　行业标准化管理

行业标准位于我国标准级别的第二级，是仅次于国家标准的标准。行业标准主要是针对国内某个行业层次进行的标准化工作，它是行业管理需要的必然产物，是对国家标准的补充。

一、行业标准的定义

行业标准是对没有国家标准而又需要在全国某个行业范围内统一的技术要求所制定的标准。行业标准的表示方法由行业标准代号、标准顺序号和标准年号构成，行业标准不得与有关国家标准相抵触。有关行业标准之间应保持协调、统一，不得重复。行业标准在相应的国家标准实施后，即行废止。

二、行业标准的对象

根据国家技术监督局1990年8月24日发布的行业标准管理办法第三条规定，需要在行业范围内统一的下列技术要求，可以制定行业标难（含标准样品的制作）：（1）技术术语、符号、代号（含代码）、文件格式、制图方法等通用技术语言；（2）工、农业产品的品种、规格、性能参数、质量指标、试验方法以及安全、卫生要求；（3）工、农业产品的设计、生产、检验、包装、储存、运输、使用、维修方法以及生产、储存、运输过程中的安全、卫生要求；（4）通用零部件的技术要求；（5）产品结构要素和互换配合要求；（6）工程建设的勘察、规划、设计、施工及验收的技术要求和方法；（7）信息、能源、资源、交通运输的技术要求及其管理技术等要求。

三、行业强制性标准

行业标准分为强制性标准和推荐性标准。下列标准属于强制性行业标准：（1）药品行业标准、兽药行业标准、农药行业标准、食品卫生行业标准；（2）工农业产品及产品生产、储运和使用中的安全、卫生行业标准；（3）工程建设的质量、安全、卫生行业标准；（4）重要的涉及技术衔接的技术术语、符号、代号（含代码）、文件格式和制图方法行业标准；（5）互换配合行业标准；（6）行业范围内需要控制的产品通用试验方法、检验方法和重要的工农业产品行业标准。

其他行业标准是推荐性行业标准。

四、行业标准监管

行业标准归口部门在制定行业标准计划时，必须与有关行政主管部门进行协调，以建立科学、合理的标准体系。

在制定行业标准工作中，行业标准归口部门履行下列职责：（1）制定本行业的行业标准计划；（2）负责协调有关行政主管部门行业标准项目的分工；（3）组织制定本行业的行业标准；（4）统一审批、编号、发布本行业的行业标准；（5）办理行业标准的备案；（6）组织本行业行业标准的复审工作。

 以案释法 28

产品不符合强制标准造成安全事故案

2002年2月5日，A公司与B厂签订工矿产品买卖合同，约定A公司向B厂购买干燥机一台，单价7万元，质量按行业标准，三保期六个月，供方指导安装调试。2002年3月20日，B厂安装调试完毕干燥机，交付使用，A公司付清全部货款。2002年7月29日下午2时50分，A公司在使用干燥机干燥硼氢化钾的过程中发生爆炸。安全生产监督管理局对现场进行勘察，并委托C技术服务有限公司对事故原因进行分析认定，认为该干燥系统没有导除静电的装置，干燥系统的设备本身也未设接地装置，在干燥时产生的静电不能导除，产生静电积聚，最终酿成静电放电，导致爆炸。

另外，干燥机的行业标准中未有需安装静电导除和接地装置的明确要求，该产品符合行业标准。

释解

标准化法第十四条规定："强制性标准，必须执行。不符合强制性标准的产品，禁止生产、销售和进口。推荐性标准，国家鼓励企业自愿采用。"从该规定可以看出，产品符合强制标准，是产品得以生产、销售和进口的前提条件，不符合强制标准的产品，根本没有市场准入资格。因此，产品的国家标准或行业标准只是产品的最基础性即最低标准。

本案中，虽然干燥机的行业标准中未有需安装静电导除和接地装置的明确要求，但产品质量法规定，生产者对其产品应承担防止发生诸如爆炸等危及人身、财产安全重大事故的不合理危险。所以，B厂生产的干燥机虽然符合行业标准，但未安装静电导除和接地装置，易发生爆炸，明显存在不合理危险，应视为产品存在缺陷。

第四节　企业标准化管理

标准化管理就是通过有效地组织、协调企业标准化活动，不断提高企业标准化水平，从而实现提高产品质量，降低物质消耗，建立科研、生产最佳秩序，获得最佳经济效果的目的。

一、企业标准化管理概述

企业标准化管理是指在企业法人或其指定代理人的领导下，根据国家的标准化方针、政策和企业的经营发展目标，由企业标准化主管部门对企业标准化工作计划、组织、指挥、协调和对标准的实施监督的活动过程。

企业标准化工作的基本任务，是执行国家有关标准化的法律、法规，实施国家标准、行业标准和地方标准，制定和实施企业标准，并对标准的实施进行检查。

企业标准化管理内容主要包括：

（1）技术标准。技术标准是指导企业进行技术管理的基础和基本依据，是对企业标准化领域中需要协调统一的技术事项所制定的标准。

（2）管理标准。管理标准是对企业标准化领域中需要协调统一的管理事项所制定的标准，是贯彻与实施技术标准的重要保证。

（3）工作标准。工作标准是对企业标准化领域中需要协调统一的工作事项制定的标准，是以人或人群的工作为对象，对工作范围、责任、权限以及工作质量等所作的规定。

企业标准化管理实质上就是对由技术标准、管理标准、工作标准这三大标准体系所构成的企业标准化系统（或企业标准体系）的建立与贯彻执行。

二、企业标准化管理办法

企业标准是对企业范围内需要协调、统一的技术要求、管理要求和工作要求所制定的标准。企业标准是企业组织生产、经营活动的依据。

（一）企业标准的制定

企业标准由企业制定，由企业法人代表或法人代表授权的主管领导批准、发布，由企业法人代表授权的部门统一管理。

1.企业标准的种类

企业标准有以下几种：（1）企业生产的产品，没有国家标准、行业标准和地方标准的，制定的企业产品标准；（2）为提高产品质量和技术进步，制定的严于国家标准、行业标准或地方标准的企业产品标准；（3）对国家标准、行业标准的选择或补充的标准；（4）工艺、工装、半成品和方法标准；（5）生产、经营活动中的管理标准和工作标准。

2.企业标准制定的原则

制定企业标准的原则：（1）贯彻国家和地方有关的方针、政策、法律、法规，严格执行强制性国家标准、行业标准和地方标准；（2）保证安全、卫生，充分考虑使用要求，保护消费者利益，保护环境；（3）有利于企业技术进步，保证和提高产品质量，改善经营管理和增加社会经济效益；（4）积极采用国际标准和国外先进标准；（5）有利于合理利用国家资源、能源，推广科学技术成果，有利于产品的通用互换，符合使用要求，技术先进，经济合理；（6）有利于对外经济技术合作和对外贸易；（7）本企业内的企业标准之间应协调一致。

3.企业制定标准的程序

制定企业标准的一般程序是：编制计划、调查研究，起草标准草案、征求意见，对标准草案进行必要的验证、审查、批准、编号、发布。

（二）企业产品标准的备案

企业产品标准，应在发布后三十日内办理备案。一般按企业的隶属关系报当地政府标准化行政主管部门和有关行政主管部门备案。国务院有关行政主管部门所属企业的企业产品标准，报国务院有关行政主管部门和企业所在省、自治区、直辖市标准化行政主管部门备案。国务院有关行政主管部门和省、自治区、直辖市双重领导的企业，企业产品标准还要报省、自治区、直辖市有关行政主管部门备案。

受理备案的部门收到备案材料后即予登记。当发现备案的企业产品标准，违反有关法律、法规和强制性标准规定时，标准化行政主管部门会同有关行政主管部门责令申报备案的企业限期改正或停止实施。

企业产品标准复审后，应及时向受理备案部门报告复审结果。修订的企业产品标准，重新备案。

报送企业产品标准备案的材料有：备案申报文、标准文本和编制说明等。

（三）标准的实施

国家标准、行业标准和地方标准中的强制性标准，企业必须严格执行；不符合强制性标准的产品，禁止出厂和销售。

推荐性标准，企业一经采用，应严格执行；企业已备案的企业产品标准，也应严格执行。

企业生产的产品，必须按标准组织生产，按标准进行检验。经检验符合标准产品，由企业质量检验部门签发合格证书。

企业生产执行国家标准、行业标准、地方标准或企业产品标准，应当在产品或其说明书、包装物上标注所执行标准的代号、编号、名称。

企业研制新产品、改进产品、进行技术改造和技术引进，都必须进行标准化审查。

企业应当接受标准化行政主管部门和有关行政主管部门，依据有关法律、法规，对企业实施标准情况进行的监督检查。

（四）企业的标准化管理

1.企业管理标准化任务

企业根据生产、经营需要设置的标准化工作机构，配备的专、兼职标准化人员，负责管理企业标准化工作。其任务是：（1）贯彻国家的标准化工作方针、政策、法律、法规，编制本企业标准化工作计划；（2）组织制定、修订企业标准；（3）组织实施国家标准、行业标准、地方标准和企业标准；（4）对本企业实施标准的情况，负责监督检查；（5）参与研制新产品、改进产品，技术改造和技术引进中的标准化工作，提出标准化要求，做好标准化审查；（6）做好标准化效果的评价与计算，总结标准化工作经验；（7）统一归口管理各类标准，建立档案，搜集国内外标准化情报资料；（8）对本企业有关人员进行标准化宣传教育，对本企业有关部门的标准化工作进行指导；（9）承担上级标准化行政主管部门和有关行政主管部门委托的标准化工作任务。

2.严格标准化管理

企业标准化人员对违反标准化法规定的行为，有权制止，并向企业负责人提出处理意见，或向上级部门报告。对不符合有关标准化法要求的技术文件，有权不予签字。

企业标准属科技成果，企业或上级主管部门，对取得显著经济效益的企业标准，以及对企业标准化工作做出突出成绩的单位和人员，应给予表扬或奖励；对贯彻标准不力，造成不良后果的，应给予批评教育；对违反标准规定，造成严重后果的，按有关法律、法规的规定，追究法律责任。

附录

质检总局关于印发《质检总局关于开展法治宣传教育的第七个五年规划（2016—2020年）》的通知

国质检法〔2016〕311号

各直属检验检疫局，各省、自治区、直辖市及新疆生产建设兵团质量技术监督局（市场监督管理部门），认监委、标准委，总局各司局，各直属挂靠单位：

为进一步深化质检系统法治宣传教育工作，全面深入推进法治质检建设，现将《质检总局关于开展法治宣传教育的第七个五年规划（2016—2020年）》印发给你们，请结合实际，组织贯彻落实。

质检总局

2016年6月24日

质检总局关于开展法治宣传教育的第七个五年规划（2016—2020年）

为贯彻落实《法治政府建设实施纲要（2015—2020年）》，进一步推进质量监督检验检疫系统法治宣传教育工作，根据中共中央、国务院转发《中央宣传部、司法部关于在公民中开展法治宣传教育的第七个五年规划（2016—2020年）》及中组部、中宣部、司法部、人力资源社会保障部《关于完善国家工作人员学法用法制度的意见》的要求，结合质检实际，制定本规划。

一、指导思想、主要目标和工作原则

（一）指导思想

全面贯彻落实党的十八大和十八届三中、四中、五中全会精神，以中国特色社会主义理论体系为指导，深入学习贯彻习近平总书记系列重要讲话精神，坚持"四个全面"战略布局，坚持创新、协调、绿色、开放、共享的发展理念，按照法治政府建设的新要求，突出"抓质量、保安全、促发展、强质检"工作重点，深入开展质检法治宣传教育工作，扎实推进依法治理和法治创建，弘扬法治精神，传播法治文化，建设

法治质检，为营造"十三五"时期经济社会发展的良好法治氛围发挥应有作用。

（二）主要目标

加快推进法治质检建设，全面落实"谁执法谁普法"责任制，健全完善质检工作人员特别是领导干部学法用法制度，质检法治宣传教育工作机制进一步健全，工作实效性进一步增强，依法行政、依法治检进一步深化，全系统法治观念和厉行法治的积极性和主动性明显提升，全体党员党章党规意识明显增强，全社会质量法治意识明显提高。

（三）工作原则

1. 坚持围绕中心，服务大局。紧紧围绕党和国家中心工作，突出质检工作重点，安排和落实好质检法治宣传教育各项任务，为全面实现质检"十三五"规划目标、有效服务国民经济和社会发展营造良好法治环境。

2. 坚持质检为民，服务群众。坚持全心全意为人民服务的根本宗旨，以满足群众不断增长的法治需求为出发点和落脚点，将质检法治宣传教育与管理、监督、服务相结合，使国家法律和党内法规为党员群众所掌握、所遵守、所运用。

3. 坚持创新发展，注重实效。总结工作经验，把握工作规律，推动质检法治宣传教育工作理念、机制、载体和方式方法创新，不断提高法治工作的针对性和实效性，力戒形式主义。

4. 坚持普治并举，学用结合。坚持法治宣传教育与依法治理相结合，把法治宣传教育融入质检法治实践和自身建设工作中，大力推进"人人参与、处处普法"，引导党员群众自觉学习、运用国家法律和党内法规，提升法治素养。

二、重点对象和内容

（一）重点对象

1. 质检干部职工。重点是对领导干部、执法人员、技术机构人员的法治宣传教育。着力提高领导干部特别是各级质检部门主要负责人的依法管理与决策能力；着力提高一线执法人员依法行政能力；着力提高技术机构人员依法施检能力。

2. 管理服务相对人。重点是对企业和相关社会组织经营管理、生产人员的质检法治宣传教育。着力提高其依法生产经营、依法维护权益、承担责任和义务的意识和能力。

3. 社会公众。重点是在学校、社区、乡村开展质检法治宣传教育。着力提高社会公众的法律素质，增强其维护合法权益的意识和能力。

（二）重点内容

1. 深入学习宣传习近平总书记关于依法治国的重要论述。以习近平总书记关于全面依法治国一系列新思想、新观点、新论断、新要求为学习宣传重点，增强走中国特色社会主义道路的自觉性和坚定性，增强全系统厉行法治的积极性和主动性。深入学习宣传全面依法治国的重要部署，宣传科学立法、严格执法、公正司法、全民守法和党内法规建设的生动实践，更好地发挥法治的引领和规范作用。

2. 突出学习宣传宪法。坚持把学习宣传宪法摆在首要位置，在全系统普遍开展宪法教育，深入学习宪法确立的基本原则、国家的根本制度和根本任务、国体和政体、公民的基本权利和义务等内容，培养宪法意识，弘扬宪法精神，树立宪法权威，维护宪法实施。

3. 大力学习宣传中国特色社会主义法律体系。坚持把宣传以宪法为核心的中国特色社会主义法律体系作为法治宣传教育的基本任务，有计划地学习宣传宪法相关法、行政法、民法商法、经济法、社会法、刑法、程序法等多个法律部门的法律法规。突出学习宣传与行政行为密切相关的行政许可、行政处罚、行政强制、行政复议、行政诉讼、国家赔偿以及国家安全、保密、信访、信息公开等方面的法律法规。

4. 重点学习宣传质检法律制度体系。采取多种形式，大力学习宣传质量、计量、标准化、认证认可、进出口商品检验、进出境动植物检疫、国境卫生检疫、食品安全、特种设备安全、纤维检验等法律制度以及 WTO 规则、相关国际法、国外法律制度。结合立法工作，重点学习宣传新修订的质检法律法规和规章。

5. 加强学习宣传党内法规。适应全面从严治党、依规治党新形势新要求，切实加大党内法规学习宣传力度。突出学习宣传党章以及《中国共产党廉洁自律准则》《中国共产党纪律处分条例》等各项党内法规，坚持纪在法前、纪严于法，教育引导广大党员做党章党规党纪和国家法律的自觉尊崇者、模范遵守者、坚定捍卫者。

三、主要任务和措施

（一）健全普法工作体制机制

1. 建立领导小组。各级质检部门及其直属单位要结合《法治质检建设评价指标体系》，成立由主要负责人牵头的法治质检建设领导小组，统一组织领导"七五"普法工作。要建立和完善领导小组定期会议、听取汇报、开展督查等制度。

2. 健全工作机构。各级质检部门及其直属单位要明确法治质检建设领导小组办公室职责，发挥其组织协调作用。加强法治宣传教育队伍建设，大力提升队伍的法律素质和业务能力，充分发挥质检系统法律顾问、法律专家、公职律师队伍在法治宣传教育工作中的作用。

3. 制定普法规划。各级质检部门及其直属单位要制定"七五"普法工作规划。法治宣传教育工作应作为法治质检建设年度计划的重点内容，明确年度普法工作重点任务，做到普法计划、内容、人员、时间、效果五落实。

4. 强化监督激励。各级质检部门及其直属单位应当建立健全普法工作监督检查制度，结合法治质检建设考核评价工作，进行定期检查与不定期抽查。进一步加强对下级部门和单位法治建设和普法工作的指导和督促，对在法治宣传教育工作中表现优秀的单位及个人给予通报表扬。

5. 加强经费保障。各级质检部门及其直属单位要把法治宣传教育经费纳入预算管理，根据年度工作需要，安排工作经费，并建立动态调整机制，保障法治宣传教育工作的正常开展。

（二）健全普法责任制

1. 落实"谁执法谁普法"。按照"谁执法谁普法"工作原则，各级质检部门要明确普法责任分工，在日常监管执法工作中，推行说理式执法，实现普法与执法有机融合。健全以案释法制度，广泛开展以案释法和警示教育，使行政执法、纠纷调解和法律服务的过程成为向群众普法的过程。

2. 落实"谁主管谁负责"。按照"谁主管谁负责"工作原则，各业务主管部门结合工作实际，在管理和服务过程中，重点对执法队伍、监管对象、社会公众宣传业务领域内所涉及的法律法规。加强行政执法案例整理编辑工作，推动典型案例公开发布制度。

3. 落实党组织普法责任。各级党组织要坚持全面从严治党、依规治党，切实履行学习宣传党内法规的职责，把党内法规作为学习型党组织建设的重要内容，充分发挥正面典型倡导和反面案例警示作用，为党内法规的贯彻实施营造良好氛围。

（三）完善学法用法制度

1. 健全党委（党组）中心组学法制度。坚持领导干部带头学法尊法守法，把宪法法律和党内法规列入各级党委（党组）中心组年度学习计划，年度不少于2次集体学法。党委（党组）书记认真履行第一责任人职责，带头讲法治课，做学法表率。坚持重大决策前专题学法，逐步建立和完善领导干部学法考勤、学法档案、学法情况通报等制度，把领导干部学法各项要求落到实处。

2. 加强法治学习培训。各级质检部门要健全完善新进人员法律学习考核、执法人员资格培训考试、领导干部任前法律知识测试等制度，着力推动以考促学、以考促用。编印普及法律知识教材，建立法律知识考试题库。要加强日常学法、岗位学法，通过领导干部上讲台、建立普法讲师团等形式，运用以案释法、警示教育等方法，定期组织开展法治讲座、法治论坛、法治研讨等活动，保证年度学法不少于40学时，有效提升机关工作人员、行政执法人员、技术机构人员的法律素质。要把宪法法律学习纳入质检党校教育培训总体规划，加强法治课程体系建设，不断提高法治教育的系统性和实效性。

3. 严格依法履职。牢固树立权由法定、权依法使等基本法治观念，严格按照法律规定和法定程序履行职责，把学到的法律知识转化为依法办事的能力。严格执行执法人员持证上岗和资格管理制度，严格执行重大执法决定法制审核制度。落实信息公开制度，依法公开职责权限、法律依据、实施主体、流程进度、办理结果等事项。落实执法案卷评查、案件质量跟踪评判工作，努力提高执法质量和执法水平。落实执法责任制，严格执法责任追究。

4. 完善考核评估机制。各级质检部门要把学法用法情况列入公务员年度考核重要内容。领导班子和领导干部在年度考核述职中要围绕法治学习情况、重大事项依法决策情况、依法履职情况等进行述法。要把法治观念、法治素养作为干部德才的重要内容，把能不能遵守法律、依法办事作为考察干部的重要依据。探索建立领导干部法治素养和法治能力测评指标体系，将测评结果作为提拔使用的重要参考。

（四）推动普法工作创新

1. 打造质检普法品牌。结合每年"3·15"、质量月、世界计量日、世界认可日、世界标准化日、世界艾滋病日、"12·4"国家宪法日、国家安全教育日以及质检重点法律施行周年纪念日等，创新"法律六进"活动形式，完善工作标准，建立长效机制，打造"质检大讲堂""质量万里行"等质检普法品牌，大力宣传质检法律和业务知识。

2. 创新质检普法载体。在充分利用广播电视、报刊杂志等传统媒体的基础上，注重新技术的使用，利用大数据等信息化手段，实现"互联网＋质检普法"，建设法治质检云平台，拓展门户网站、微博、微信、微视频、手机 APP 等新媒体普法渠道，大力宣传质检法律法规。

3. 拓展质检普法阵地。加强普法宣传与业务服务结合，有计划地开展质检办公楼开放日、技术机构开放日等活动，在行政审批服务大厅、出入境口岸等重点场所增加法治宣传教育功能，充分利用广场、公园等公共场所为社会公众提供方便快捷的法律服务。

4. 培育质检法治文化。积极培育质检法治文化土壤，充分利用各类教育基地开展法制宣传教育培训和实践活动。通过知识竞赛、演讲比赛、理论研究等方式，组织开展丰富多彩的法治文化活动，引导法治文化产品的创作和推广。推动质检法治文化与地方文化、行业文化、企业文化融合发展，充分发挥法治文化的引领、熏陶作用。

5. 创新评价考核机制。结合法治质检建设评价指标体系以及年度考核评价标准，客观衡量法治宣传教育等法治质检建设工作成效，总结和培育先进典型，组织经验交流和宣传推广，发挥典型引路、以点带面作用。

四、工作步骤和安排

质检法治宣传教育的第七个五年规划从2016年开始实施，到2020年结束。共分三个阶段：

（一）宣传发动阶段（2016年上半年）

1. 总局组织制定"七五"普法规划，下发全系统，并上报全国普法办备案。

2. 各直属检验检疫局、各省级质量技术监督局、认监委、标准委、总局各直属及挂靠单位，制定本部门、本单位"七五"普法工作规划，报总局备案。

3. 各级质检部门及其直属单位要根据总局及本部门、本单位规划，做好宣传、发动工作。

（二）组织实施阶段（2016下半年至2020上半年）

1. 各级质检部门及其直属单位依据总局及本部门、本单位规划所确定的目标、任务和要求，结合自身实际，制定年度工作计划，突出工作重点。

2. 各级质检部门及其直属单位认真组织实施本部门、本单位的年度普法工作计划，并对工作效果进行总结。

3. 各级质检部门及其直属单位根据需要组织普法工作自查、检查、抽查。2018年开展中期检查督导工作。

（三）检查、验收阶段（2020年下半年）

1. 总局制定验收标准，组织各级质检部门及其直属单位对"七五"普法工作进行检查验收。

2. 组织"七五"普法先进集体及个人的评比、表彰工作。各级质检部门及其直属单位要做到部署及时、指导有力、措施有效、督促到位，确保质检"七五"普法规划全面贯彻落实，推动普法工作深入开展。